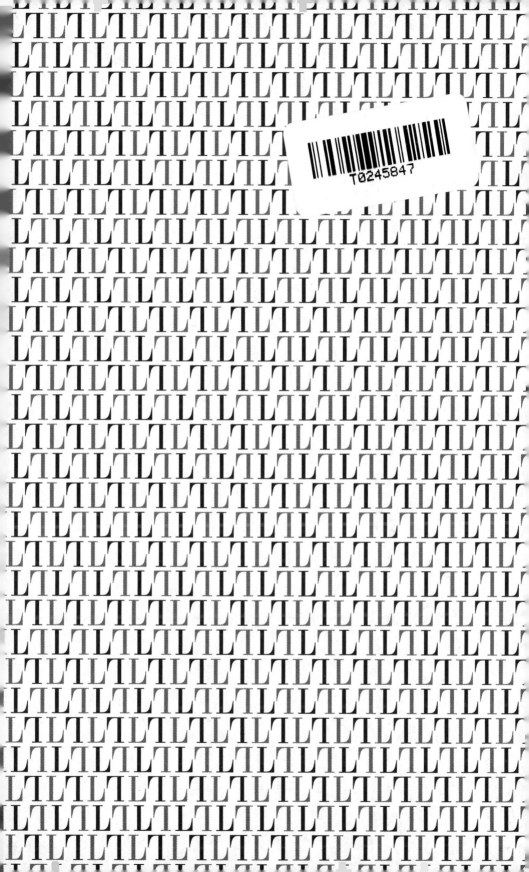

El ABC del género

El ABC del género

Nociones mínimas para discutir el tema

Mariana Gabarrot

Lumen

ensayo

El papel utilizado para la impresión de este libro ha sido fabricado a partir de madera procedente de bosques y plantaciones gestionadas con los más altos estándares ambientales, garantizando una explotación de los recursos sostenible con el medio ambiente y beneficiosa para las personas.

El ABC del género
Nociones mínimas para discutir el tema

Primera edición: septiembre, 2022

D. R. © 2022, Mariana Gabarrot Arenas

D. R. © 2022, derechos de edición mundiales en lengua castellana:
Penguin Random House Grupo Editorial, S. A. de C. V.
Blvd. Miguel de Cervantes Saavedra núm. 301, 1er piso,
colonia Granada, alcaldía Miguel Hidalgo, C. P. 11520,
Ciudad de México

penguinlibros.com

ISBN: 978-607-381-934-3

Impreso en México – *Printed in Mexico*

Índice

Introducción

¿Por qué nos embarcamos en discusiones sin límites sobre los roles de género? ¿Puede una persona escoger ser hombre o ser mujer? ¿Puede alguien ponerse y quitarse la feminidad o la masculinidad? Estas preguntas han causado curiosidad, indignación, escándalo o risa, dependiendo del contexto. Se discuten a veces desde la religión, la ciencia, la política o la ignorancia absoluta. Lo interesante es que cada quien tiene sus respuestas. Además, casi siempre tenemos la certeza de estar en lo correcto.

A pesar de ello, los argumentos no terminan de convencernos. Muchas veces nos quejamos de lo que no podemos hacer por ser hombres o ser mujeres. Comúnmente, nosotras nos lamentamos por no tener libertad de ir por las calles sin miedo a que nos griten majaderías, de no poder prescindir del maquillaje o de no tener más tiempo libre por estar a cargo de las "labores del hogar". Ante nuestras quejas, ellos en general responden que ya les gustaría que los mantuvieran, que los invitaran a salir, que les cargaran las maletas.

Así, vamos buscando un lugar en este mundo que nos incomoda como un pantalón apretado, e incluso a veces como una camisa de fuerza. Pero si esta ropa no es cómoda, ¿por qué la seguimos usando? ¿Por qué se la ponemos a nuestros hijos e hijas? ¿Por qué condenamos a los que osan quitársela? Muchas veces nuestras discusiones terminan en pleito con la pareja, con los papás, con los amigos, con los compañeros de trabajo. A lo largo de los años he aprendido que hablar de género es prácticamente como hablar de religión. Todo mundo tiene una opinión, hay creencias firmemente arraigadas y cánones de hierro que determinan estándares de lo masculino y lo femenino.

La primera intención de este texto es ayudar a evitar los debates ociosos, las pérdidas de tiempo y, sobre todo, las peleas. Obviamente no vamos a estar nunca de acuerdo cuando hablamos de estos temas. Sin embargo, podemos discutir con un lenguaje común para generar sanos desacuerdos. Es decir, debates que nos permitan llegar a puntos de encuentro. Así, podremos buscar alternativas para escapar de estas trampas que nos imponemos sin quererlo, y que día con día nos hacen vivir una vida que no es completamente la que quisiéramos.

Por otro lado, los roles de género están en todas partes. En la casa, en las instituciones, en los espacios que habitamos. Un ejemplo muy sencillo es recordar que vamos al baño de mujeres o al de hombres todos los días. Cada vez que abrimos esas puertas con los íconos de una figura femenina o masculina, estamos reforzando nuestra noción de quienes somos. Ahora bien, si no soy ni un hombre ni una mujer tal como está dibujado en las mentes de los demás, ¿entonces a qué baño entro? Por otro lado, todos los formularios que llenamos a lo largo de la vida son binarios, desde el acta de nacimiento hasta la credencial de elector o la solicitud para entrar a la escuela. ¿En dónde me ubico si todas las interacciones sociales están basadas en estas prácticas que parecieran banales? Si los roles a veces nos cansan como ropa que constriñe, quienes no pueden siquiera ponérsela viven una realidad aún más complicada. Es decir, aquellos a quienes la noción de ser femenino o ser masculino definitivamente no les entra en el cuerpo sufren procesos más graves de exclusión. De ahí el problema para las personas trans o no binarias (que escapan a las dos opciones, hombre/mujer).

Por ello, la segunda intención de este texto es explicar, de manera breve y sencilla, de dónde nos han surgido estas certezas del género. Este sentido común que se nos aparece como realidad incuestionable. Independientemente de que después de este ejercicio nuestra postura cambie o no, por lo menos sabremos por qué nos ponemos ciertos límites a la vez que limitamos a otros.

A grandes rasgos, me enfocaré en tres temas. El primero es reconocer que, efectivamente, cuando se habla de hombres y mujeres o de los derechos de las mujeres, se parte siempre desde un cuestionamiento iniciado hace décadas por el feminismo. Por lo tanto, es importante aclarar que este movimiento no se trata de un grupo de mujeres locas que odiamos a los hombres, sino de una postura que implica el compromiso de ser conscientes de las desigualdades sociales. De tal forma, dedicaré la primera sección no a discutir el feminismo, sino más bien a explicar qué es. Desde ya pido perdón porque al presentarlo lo haré de manera muy elemental, simplemente tratando de sintetizar, de forma osada, lo que en mi opinión todas sus manifestaciones tienen en común.

En la segunda parte analizaré la diferencia entre el sexo como categoría biológica y el género como categoría social, para poder explorar lo que esto significa en nuestro entorno cotidiano. Sobre todo, me enfocaré al análisis de los principales estereotipos de lo masculino y de lo femenino que se adjudican a la naturaleza, aludiendo a ideas como el instinto o las hormonas. Por estereotipo entiendo aquellas nociones amplias que tenemos sobre la realidad y las personas. Estas generalizaciones también podemos llamarlas etiquetas. Usaré a lo largo del texto las palabras "hombre" y "mujer" porque estar repitiendo "estereotipo de hombre" o "estereotipo de mujer" daría como resultado una lectura larga y cansada.

En el tercer apartado presento una reflexión sobre cómo se articula la desigualdad de género en la sociedad. Sobre todo, se desmenuza la noción de machismo tan frecuentemente discutida, pero cuyas raíces e implicaciones rara vez nos detenemos a considerar. Se ofrece un esquema que intenta explicar la estructura social, misma que privilegia las características tradicionales de lo masculino como un ser fuerte, responsable y proveedor, es decir, el hombre como patriarca, como personaje dominante de todas las esferas del poder; y la noción de la mujer como delicada, sensible, madre de familia, relegada al espacio doméstico. Esta estructura patriarcal nos ayuda a entender cómo a veces reproducimos roles y cómo hay otras en las que se nos imponen. También se abordan sus implicaciones en la vida cotidiana. Especialmente, en la familia, el trabajo y la pareja. Buscaré mostrar cómo estos estereotipos/etiquetas se han integrado en toda la vida social… Y cuando escribo *toda*, me refirero a TODA.

Una vez que analizamos la realidad teniendo en cuenta las desigualdades de género, podemos usar esta perspectiva para abordar dos temas particularmente álgidos en todas las discusiones al respecto: la diversidad y la violencia. Para el primer caso intento ofrecer elementos que ayuden a salir de la trampa de "lo normal", "lo natural" y "lo bueno", la cual —espero demostrar— genera discusiones improductivas. Por lo tanto, propongo desistir de esta diferenciación que me parece un callejón sin salida, para entrar a debates más contundentes sobre las identidades, la educación y el tipo de sociedad que queremos construir. Para el segundo caso, doy dos ejemplos que han sido objeto de múltiples conversaciones sobre machismo y feminismo. Por un lado, las denuncias a través de internet iniciadas desde el movimiento #MeToo, que en México además se sumaron a los "tendederos" (pancartas con denuncias colgadas en lugares públicos). Por el otro, los feminicidios en México. Aquí, de igual manera, se busca resaltar cuáles argumentos nos llevan realmente a evaluar ambos fenómenos en su profundidad y cuáles simplemente a repetir clichés (como los "linchamientos" o los "maniacos sexuales asesinos en serie", respectivamente). Estos últimos nos enfrascan en juicios hacia las mujeres, en lugar de llevarnos a decisiones que puedan proteger a las sobrevivientes de acoso y mejorar los sistemas de justicia.

En las conclusiones daré algunas respuestas a las preguntas planteadas en esta introducción, antes aclarando uno de los obstáculos más perniciosos para el diálogo, que es la noción de "ideología de género". Termino con la promesa de no buscar consensos, sino de establecer los términos para una buena discusión, así como con algunas preguntas más que me permito plantear hacia el futuro.

Vale la pena señalar que el texto pretende iniciar una conversación que no hemos logrado tener del todo y la cual es viable si tenemos algunas nociones mínimas acerca del discurso que manejamos. Las conversaciones sobre género escalan hasta llegar al punto donde intercambiamos fórmulas que no empatan, y simplemente dejamos de escucharnos. Los argumentos aquí presentados reflejan mi experiencia cotidiana tratando de sostener el diálogo. Ésta se desarrolla principalmente en la universidad; son el resultado de discusiones con amigos, amigas, estudiantes y colegas a lo largo de más de 15 años. También incluyen reflexiones derivadas de mi trabajo académico, el cual comprende tanto el análisis teórico como la investigación de campo. En este sentido, todos los argumentos aquí presentados son parte de discusiones más amplias en el marco de las humanidades y las ciencias sociales.

Asimismo, desde hace siete años he trabajado con un grupo de amigas y profesoras en la prevención y atención de la violencia de género en el Tec de Monterrey. Mis actividades incluyen la impartición de cursos de capacitación y conferencias a estudiantes, profesores y empleados, así como la participación en comités e instancias que atienden el problema. Muchos de los argumentos contra el machismo aquí presentados fueron desarrollados al enfrentar la resistencia tanto de seres queridos como de inercias institucionales.

Finalmente, gran parte del aprendizaje y de la energía para poder hacer frente a estas agresiones se la debo al ejemplo de feministas de todas las edades y de todos los perfiles que me han dado fuerza porque no cejan en sus convicciones de luchar por un mundo más justo. En particular, tengo que reconocer a quienes han sobrevivido violencias y enfrentado entornos mucho más difíciles que el mío, pero que generosamente me han compartido sus experiencias. Al final del texto, encontrarán recomendaciones de lectura para profundizar en cada uno de los temas tratados en las distintas secciones, así como una breve nota metodológica que puede ser de utilidad para trazar un camino más allá de este ABC.

A
El género sin feminismo:
¿cómo entenderlo?

La idea del género surge del feminismo, por eso no podemos entenderla sin él. Éste nace como un movimiento intelectual y político en el siglo XVIII. Es entonces cuando los filósofos de la época —como Kant y Rousseau— cuestionan la estructura de las monarquías. El argumento principal se basaba en la noción de la igualdad de los hombres en cuanto seres humanos. Como consecuencia, todos merecían gozar de las mismas libertades, y los privilegios derivados de la nobleza debían convertirse en derechos universales. La palabra "hombre" es la clave para entender por qué las primeras feministas como Mary Wollstonecraft, en Inglaterra, y Olympe de Gouges, en Francia, comienzan a denunciar que las mujeres quedamos excluidas de esta concepción básica de humanidad (hay quienes consideran ésta la primera ola del feminismo).

Sin embargo, los debates actuales sobre el género se remiten a la filósofa francesa Simone de Beauvoir, especialmente a su libro *El segundo sexo*, publicado en 1949. En este texto señala que "no se nace mujer, se llega a serlo", poniendo el acento en la construcción social de la feminidad y la masculinidad. Desde entonces, podríamos decir que se entiende el sexo como una serie de características biológicas, y el género como las derivaciones sociales de las mismas (tal como se discutirá en la siguiente sección). La relación entre ambas categorías es una parte central de las discusiones y aportaciones feministas, incluyendo los significados e implicaciones del ser hombre o ser mujer. Por lo tanto, no podemos hablar de feminismo sin género, y viceversa.

En este sentido, el feminismo ha sido concebido de manera muy diversa, como un movimiento político, una postura ética, una conciencia crítica o una forma de estar en el mundo. Sin embargo, para quienes no conocen del tema, la palabra "feminismo" puede resultar un enigma porque se usa en el discurso cotidiano como un término general para identificar posturas muy variadas, algunas contradictorias entre sí. Esto pasa con casi todas las expresiones que terminan en "-ismo", por ejemplo, capitalismo, socialismo, catolicismo, pentecostalismo, budismo, etcétera. No hay nada más opuesto que el capitalismo como lo conciben los estadounidenses y el que conciben los franceses o los noruegos. Igualmente, el socialismo de la antes Unión Soviética no es el mismo que el socialismo chino o el cubano. Ni se diga de las diferencias entre un jesuita y un legionario de Cristo, un testigo de Jehová y un metodista, o el budismo japonés y el indio. Claro, se puede rastrear de manera general en cada uno de ellos un hilo conductor. Pensemos en la idea del individuo para el capitalismo, en alguna idea del trabajo y lo común para el socialismo, en la Santísima Trinidad y la Virgen María para los católicos, la negación de la Virgen para el pentecostalismo y la noción de Buda.

Lo mismo sucede en el feminismo. Podemos encontrarnos con el feminismo liberal, el feminismo marxista, el feminismo decolonial, entre otros. Puede resultar confuso que muchas veces las distintas corrientes no se ponen de acuerdo. Las feministas liberales cuestionan la brecha salarial, mientras que las marxistas van en contra de todo el sistema capitalista, apuntando la explotación de la mujer en el hogar. Mientras tanto, las posturas decoloniales insisten en la necesidad de construir una visión alterna a la occidental. De hecho, todas sabemos que, si ponemos a una feminista de cada tendencia a discutir en un panel, el resultado será una discusión álgida. Sin embargo, todas tenemos algo en común. Estamos conscientes de que vivimos en un mundo donde hombres y mujeres no son iguales, y esta desigualdad causa profundas injusticias. Para vivir en un mundo mejor, necesitamos igualdad de condiciones. Aclaro: DE CONDICIONES. Es absurdo pensar que hombres y mujeres somos iguales. Cualquiera que vea nuestros cuerpos y tenga una mediana noción de anatomía sabe que no lo somos. (Evitemos el debate ocioso de discutir en estos términos.)

Hay feminismo en el arte, la filosofía, el activismo, la sociedad civil, la política, la teología, la academia y, en general, en la vida. Porque si los roles de género —tal como lo expliqué en un principio— están en todas partes, también las desigualdades lo están, y por lo tanto el feminismo tiene algo que decir o que hacer. Muchas veces, quien se considera feminista simplemente procura no reproducir y, en todo caso, señalar, denunciar o combatir estas desigualdades, en la medida de sus posibilidades. Ahora bien, si una persona está de acuerdo con estos principios de justicia, ¿es feminista? Pues en teoría podríamos declarar que sí; esto depende de cada uno. Es decir, una cosa es coincidir y otra es adoptar la postura públicamente. Cuando alguien hace pública una inclinación, ésta se convierte en una decisión social y política. Por ello, declararse feminista es una determinación tan profunda como personal. Eso sí, no es una opción fácil; al hacerlo estamos adoptando una posición en contra de muchos intereses e inercias del poder, tanto político como económico.

Además, manifestarte feminista no quiere decir que otras feministas te reconozcan, por ello aún está vigente el pleito de si los hombres pueden o no pueden pertenecer al movimiento, o más bien de cómo pueden sumarse. En este sentido, sería disparatado pensar que la mitad de la humanidad excluya de un pronunciamiento de justicia a la otra mitad de la humanidad. No se trata de si los hombres deben o no incorporarse. Se trata de reconocer que una cosa es estar de acuerdo con los principios feministas, otra es declararse feminista y otra ser aceptado por un grupo de feministas. Una vez que se entiende esto, podemos tener un debate útil sobre las implicaciones de cada decisión para cada persona.

Otra cosa que las feministas tenemos en común es un compromiso para cambiar la situación, y por ello hablamos de medidas de equidad, las cuales a veces se confunden con la igualdad. Equidad es tratar a cada quien según su circunstancia, para asegurar las mismas condiciones. Lo anterior implica un trato diferenciado para compensar desigualdades históricas. Este tipo de medidas se toman en democracias modernas. Son variadas y van desde apoyos a poblaciones específicas (por ejemplo, becas para mujeres o transferencias de dinero para madres sin pareja) hasta establecer un cierto número de lugares en las escuelas o en puestos de decisión para ser ocupados por mujeres. Particularmente quisiera enfocarme a discutir este segundo tipo de políticas, también llamadas "leyes de cuotas", "acciones afirmativas", o formas de "discriminación positiva". En mi opinión, este tema es uno de los que mejor ilustran la diferencia entre discusiones útiles y discusiones ociosas. Empezaré por un caso lejano al género para primero centrarnos en la comprensión de su lógica.

Durante años en Estados Unidos, algunas universidades establecieron programas de trato preferencial a la población afrodescendiente para compensar sus desventajas en términos de acceso a la educación.[1] Los

---

[1] Los procesos de racialización han oprimido a las poblaciones de piel oscura de tal forma que los movimientos sociales han ido reivindicando distintas formas de nombrarse y ser nombrados. En Estados Unidos se utilizó durante muchos años la palabra "afroame-

obstáculos se originaron en la época de la esclavitud, pero fueron reforzados por el régimen segregacionista, vigente hasta la década de los sesenta (recordemos los famosos discursos de Martin Luther King Jr.). Si bien se adoptaron disitintos mecanismos, examinemos un caso hipotético e ilustrativo. Supongamos que en una universidad hay 10 puestos vacantes para los mejores promedios. Los lugares son cubiertos siempre por estudiantes blancos, y el noveno puesto, en esta ocasión, fue de un promedio de 8. Para el décimo puesto, queda una persona blanca con calificación de 7.9 y una persona racializada (no-blanca) con calificación de 7. Para cubrir la cuota, entrará la segunda persona. Otra opción sería darles a todas las minorías raciales 20 puntos de ventaja, que les permitan acceder a los rangos requeridos por el proceso de admisión. Por supuesto que, en ambos escenarios, cualquier persona blanca puede decir: "Me están discriminando porque

---

ricano". Sin embargo, en el contexto xenofóbico de la era Trump, se habla de cómo la población negra no es africana, sino estadounidense, de ahí que se utilice ahora la palabra negra, como en #BlackLivesMatter. En México se utiliza la palabra "afrodescendiente". En este texto utilizaré ambas, pero vale la pena tener en mente que la terminología es dinámica porque busca denunciar desigualdades sociales propias de un contexto histórico.

yo tengo más méritos y la única razón por la cual me están dejando fuera es el color de mi piel". Esto es verdad. De hecho, hay algunos precedentes de sentencias que prohibieron la adopción de estas medidas con base en el derecho a la igualdad de protección ante las leyes sobre discriminación (por ejemplo, Gratz contra Bollinger en 2003, en la Suprema Corte).

Sin embargo, lo que se pierde de vista es que aquel sujeto blanco, por su privilegio racial histórico, probablemente tenga mayor acceso a recursos económicos, viva en mejores barrios y asista a mejores escuelas. Asimismo, la sociedad entera, cuando escucha sus aspiraciones de ir a la universidad, le felicita, motivándole. Mientras que la persona no-blanca posiblemente provenga de un estrato socioeconómico más bajo, de escuelas de menor calidad y cuando manifiesta su deseo de estudiar no encuentra el mismo apoyo. Al no tener igualdad de condiciones, es imposible que logre las mismas calificaciones que sus contendientes. Reservarle un lugar aumenta sus posibilidades, a la vez que deja nueve disponibles para la libre competencia. La discriminación positiva en este caso es una medida de equidad que afecta muy poco a las mayorías, pero abre una rendija a la participación de las minorías que compiten en desventaja.

Este ejemplo también nos sirve para resaltar la diferencia entre mérito y privilegio. Para poder acceder a la universidad, hay que trabajar muy duro y estudiar; no se niega el mérito de quien se esfuerza para lograrlo. Sin embargo, el privilegio lo constituyen esas circunstancias de nacimiento que dan más o menos ventaja en las condiciones de partida. Por lo tanto, al tener distinto nivel de privilegio, los estudiantes blancos y los estudiantes racializados obtienen diferentes resultados, aunque trabajen lo mismo y tengan los mismos méritos. Otra manera de entenderlo es que, en este caso, el acceso a la educación universitaria, si bien en teoría es un derecho y por lo tanto tiene carácter de universal, en la práctica se convierte en un privilegio de carácter exclusivo para unas pocas personas que pueden competir por el acceso a ella.

El ejemplo más conocido de medidas de equidad en temas de género, mismo que ha sido adoptado en México y en otros países, es la ley de cuotas (o de paridad cuando se pide 50 y 50 por ciento) en las legislaturas. Dado que la presencia femenina en la política es escasa, se determina que un porcentaje de candidaturas o de escaños en los congresos tiene que ser para mujeres. Quienes se oponen a esto, esgrimen dos tipos de argumentos. El primero es que, si no nos atrevemos a competir en el espacio público, o si la gente no vota por nosotras, es porque no nos interesa o no somos buenas. Es decir, los debates giran en torno a si la política "se nos da" o "no se nos da", si el pueblo está "preparado" para tener gobernantes mujeres, si podemos "balancear" las demandas del trabajo con las de la familia. Las explicaciones asociadas a esto son tan variadas como "No son frías para tomar decisiones" o "Es un ambiente muy pesado". Sin embargo, al igual que en el caso de los universitarios afrodescendientes, las mujeres hemos estado históricamente excluidas de la política. Tradicionalmente hemos sido las encargadas del espacio privado, el cuidado de los hijos y las labores del hogar. Comparando nuestras circunstancias con las de los hombres, en promedio no hemos tenido el mismo acceso a la formación ni a las oportunidades necesarias para competir.

Tal como discutiremos más adelante, las democracias modernas y los derechos de ciudadanía nacen para hombres blancos, más o menos a mediados del siglo XIX. Nosotras obtuvimos el voto en muchos países casi un siglo después (en México fue en 1953). Lo mismo sucede con el acceso a la educación: entramos masivamente a las escuelas alrededor de los años cincuenta. Así pues, ni la mayoría de las mujeres se ven a sí mismas como candidatas a puestos populares ni el electorado está acostumbrado a verlas. Es decir, no nos enfrentamos en igualdad de condiciones. Por lo tanto, para compensar esta desventaja se instaura por ley una determinada proporción de asientos o de candidaturas femeninas (la medida de equidad), buscando la igualdad por decreto.

Quienes pueden aceptar lo anterior, argumentan de todas formas que establecer cuotas para mujeres discrimina a los hombres. Me ha tocado escuchar incontables discusiones donde se niega el hecho. Se propone —entre otras cosas— que la discriminación siempre se lleva a cabo desde el poder y, por lo tanto, los hombres, al tener más poder que las mujeres, por definición no pueden ser discriminados. Si bien estas conversaciones nos pueden llevar a disquisiciones filosóficas de gran envergadura, no vamos con ellas a resolver el tema de si las cuotas son útiles o no para lo que se quiere lograr. Es más fácil asumir que, efectivamente, estas medidas son discriminatorias, tal como se concedió en los párrafos anteriores para los universitarios blancos en Estados Unidos. Como ya vimos, quienes las viven a nivel individual pueden quejarse con toda lógica; no obstante, se adoptan por un bien común: en estos casos, garantizarles el acceso a la educación superior y a la política a los grupos desfavorecidos o menos privilegiados, lo cual a la larga se reflejará en una sociedad más igualitaria.

De tal forma, habría que debatir cómo se lleva a cabo esta discriminación, qué clase de desigualdades busca atender y si ésta es la mejor manera de resolver el problema. Por ejemplo, ¿cómo distinguimos entre el mérito y el privilegio a nivel individual? ¿Qué requisitos debemos pedir a las personas beneficiadas por este tipo de medidas? En la referencia anterior a las universidades estadounidenses, todo el mundo tenía que presentar el examen de admisión. Evidentemente dar un lugar sólo por características raciales o sólo por el género tampoco soluciona el problema. También es importante reconocer que una medida aislada para compensar una situación añeja es como un curita en una herida de toda la pierna. Tendríamos que pensar en la posibilidad de complementar las cuotas con programas de acompañamiento.

Para tener este debate, necesitamos entender cómo operan los mecanismos de la discriminación. Aquí es donde el feminismo enfrenta mayor resistencia que otros movimientos a favor de la igualdad social. Por ejemplo, en los pronunciamientos contra el racismo, el origen de la injusticia es obvio, porque la sociedad en general condena la esclavitud, acepta su historia y reconoce la necesidad de un cambio. Sin embargo, cuando hablamos de la diferenciación entre hombres y mujeres, este consenso no existe. Como sociedad no estamos de acuerdo ni en establecer cuáles son las injusticias ni en aceptar muchas situaciones en las que se manifiestan. Por el contrario, respaldamos la exclusión con razonamientos asociados a la "naturaleza del sexo femenino".

De la misma manera, les adjudicamos a los hombres ciertas responsabilidades y roles porque "históricamente les corresponden", sin cuestionar el pasado. A pesar de ello, sabemos que no gozamos de las mismas condiciones y seguimos discutiendo cómo resolver el problema sin tener un punto de partida común. No hemos logrado acuerdos en las premisas básicas del debate, las cuales permitirían un diálogo productivo, aunque éste generara nuevas discrepancias. Para acercarnos a cimentar un lenguaje compartido, en la siguiente sección propongo empezar por un análisis cuidadoso de las concepciones comunes respecto a la naturaleza de lo femenino y lo masculino.

B
Sexo y género:
¿biología o sociedad?

El sexo se determina cuando nacemos, de acuerdo con una característica biológica que compartimos con todos los mamíferos: nuestros genitales. Si un bebé nace con pene, se le asigna el sexo hombre; si nace con vulva y vagina, se le asigna el sexo mujer. Hay bebés que nacen con ambos y se determinan intersexuales (estos casos los discutiremos más adelante). Por otro lado, el género es el rol social que se ordena de acuerdo con el sexo. De tal forma, si a una persona se le clasifica como hombre, se espera de él que sea masculino. Esto se traduce, entre otras cosas, en la compra de ropa azul, la expectativa de que juegue con cochecitos, que practique futbol. Para quienes nacemos con vulva: el color rosa, la perforación de las orejas para los aretes, que juegue con las muñecas, lo femenino. A grandes rasgos, la relación se muestra en el siguiente esquema:

Relación entre sexo y género

Sexo	Género
Caracteres biológicos	Roles sociales
Determinado inicialmente por genitales	Determinado inicialmente por expectativas de la sociedad
Pene-hombre	Hombre-masculino
Vulva-mujer	Mujer-femenino
Constante en tiempo y espacio	Variable en tiempo y espacio

Sexualidad

Prácticas sexuales

Elaboración propia

En la figura vemos cómo, a pesar de que hay muchos tabús en torno a mostrar públicamente nuestros genitales, todos los días cuando las personas nos ven sacan conclusiones sobre ellos, al adjudicarnos implícitamente un rol de género. Esto determina nuestro rol social desde la infancia, y gran parte de nuestra experiencia de vida depende de esta relación entre sexo y género. En el discurso cotidiano y en el imaginario, la palabra "mujer" y la palabra "femenina" se usan de manera equivalente. Lo mismo sucede con "hombre" y "masculino". Así, en nuestro sentido común, e incluso a veces de manera inconsciente, ligamos inevitablemente las categorías biológicas a los roles sociales, lo cual, como veremos, es problemático.

Esta categorización binaria en dos sexos relacionados a dos géneros normalmente no cambia ni en el tiempo ni en el espacio. Es decir, si un bebé nace con pene, se le asignará el género masculino aquí y en China, y así ha ocurrido por lo menos desde que iniciaron los procesos de civilización. Otra relación entre sexo y género —señalada por las flechas del esquema— son las reglas en cuanto a las prácticas sexuales y la sexualidad. En la mayoría de las sociedades, desde hace siglos se espera que si eres hombre tengas sexo con mujeres, y viceversa. Sin embargo, el género, al ser socialmente construido, es más dinámico que el sexo, y varía geográfica e históricamente. No es lo mismo nacer hombre o mujer en Arabia Saudita que en México, y también ha cambiado nuestra concepción de lo masculino y lo femenino desde el Medievo hasta nuestros días.

Puesto así, el argumento parece ser claro y generalmente aceptable. Los problemas empiezan cuando analizamos las implicaciones que esto tiene para discutir el género en nuestros días. Si éste se construye socialmente, entonces para entender lo femenino y lo masculino necesitamos hablar de sociedad, no de biología. Esto en realidad es así para la mayoría de las funciones orgánicas. Es importante aclarar que no se trata de negar nuestro cuerpo, sino de poner énfasis en cuál es el tema de discusión y en dónde debemos enfocarnos. Repasemos algunos ejemplos que no tienen nada que ver con el género, sólo para explorar la premisa.

Los hombres y las mujeres somos animales, de la clase mamíferos, de la especie *Homo sapiens*. Como tales necesitamos respirar, comer, ir al baño y reproducirnos. Esto último técnicamente hoy no es verdad porque vivimos en un mundo sobrepoblado. Pero en teoría, como especie necesitamos tener descendencia. Analicemos primero el comer. Mi yo mamífero me dice que tengo hambre, pero en este momento estoy en clase o en una junta con mi jefe y no puedo salir. Decido posponer mi ingesta alimenticia hasta que sea prudente, y ahí me alejo de mi necesidad biológica. Además, no como en el piso como los animales. Si soy mexicana, como con tenedor y cuchillo —a menos que sean tacos—; en Japón comería con palillos, y en la India, con mi mano derecha.

También hoy comer es un tema esencial para la salud y la belleza. Mucha gente está a dieta y existen carreras universitarias que certifican quién sabe decirnos qué comer (nutrición). Hay comidas como el caviar o el faisán, que se consideran de clase alta, y otras como el pan común o la tortilla de maíz, que se consideran de clase baja. En pocas palabras, comer hoy tiene tantos significados sociales que sería inconsecuente pensar que para entender cómo comemos o cuáles son nuestros hábitos alimenticios necesitamos hablar de biología. Por supuesto, para entender procesos como la digestión o la percepción de sabores, sí requerimos saber de anatomía y química. Pero, insisto, para entender qué comemos y cómo, hay que discutir sobre rituales sociales, ingreso y gasto, gustos o la industria alimentaria.

Lo mismo sucede con ir al baño. Si estoy en un salón de clases o en una sala de reuniones y me dan ganas de orinar, evidentemente no voy a bajarme ahí mismo los pantalones para aliviar mi necesidad. Si lo hiciera, probablemente me llevarían a un hospital psiquiátrico. De mi yo animal al acto de ir al baño hay una considerable distancia. Me aguanto hasta que pueda salir del lugar, voy a un recinto privado. Esto no se debe a nuestra anatomía, sino a normas. Entonces, si queremos analizar cómo y cuándo la gente va al baño, no es preciso medir la capacidad de su vejiga, sino más bien entender cómo hemos construido esta práctica socialmente.

Cuando hablamos de género es lo mismo, pero esto parece olvidarse, y terminamos repitiendo clichés biologicistas cada vez que no podemos ponernos de acuerdo en un tema. Quisiera detenerme para analizar dos de los más persistentes. El primero es que las mujeres tenemos instinto maternal. Aquí el problema es la noción de instinto. Recordemos que somos mamíferos. Cualquiera que tenga mascotas —especialmente perros o gatos— sabe que cuando nace un cachorro enfermo la mamá no lo quiere alimentar. Incluso si tiene mucha hambre y no nos damos cuenta, la hembra se puede llegar a comer al cachorro. Esto es porque su naturaleza le indica que debe alimentar a las crías viables en términos de la supervivencia de la especie. ¿Es éste el instinto maternal que se espera de nosotras? ¿Si nace un bebé enfermo hay que dejarlo de alimentar y en caso de necesidad nos lo podemos comer? Tan descabellada como suena es la noción de que las mujeres tenemos un instinto que opera en el caso de nuestros hijos. Por supuesto, hay un vínculo muy fuerte; mi intención está lejos de negar el amor de madre tan valorado e idealizado en nuestras sociedades. Sin embargo, esta unión no es de tipo animal o instintivo, sino social, y para entenderla tenemos que hablar de sociedad, de nuestra concepción de la niñez y de la vida, así como de las expectativas hacia las mujeres con respecto al cuidado de los hijos.

El segundo cliché funciona de manera similar: los hombres son más agresivos porque tienen más altos niveles de testosterona. Esto es verdad, los mamíferos machos son más agresivos que las hembras porque la intención es que usen su fuerza para defender el control de la manada. Ese control les sirve para preñar a la mayor parte de hembras posible, y así asegurarse de que su esperma sea el determinante para la descendencia. Por eso, en los documentales sobre la naturaleza, es tan frecuente ver a dos machos cabríos luchando por la supremacía, mientras las hembras los observan plácidamente desde algún lugar de la sabana. Esto no es lo que se espera de los hombres en general. Para empezar, no es su deber fecundar a la mayoría de las hembras porque no vivimos en manadas y la disputa por la pareja no se hace usando la fuerza bruta. Hay mucho trecho entre sentir un impulso agresivo y pegarle a alguien, o tener acceso a un arma y matarle, o pegarle a la esposa.

En resumen, llevamos cientos de años controlando nuestros instintos. Hemos recurrido al razonamiento —y a la creatividad— para no vivir como animales, aunque sabemos que el cuerpo es parte fundamental de nuestro ser. No comemos ni vamos al baño como animales, no cuidamos a nuestros hijos ni agredimos como animales. ¡Ni se diga de la reproducción! Hoy hay amor, hay consentimiento (una tiene que decir que sí), hay matrimonio, hay miles de instituciones alrededor del sexo. Así que podríamos tener una fascinante conversación sobre los hábitos de los mamíferos, qué especies son monógamas, qué especies tienen organizaciones y estructuras de manadas más o menos sofisticadas. Pero esto constituye, en términos de género, un debate inútil. En todo caso, tendríamos que hacerlo para explorar nuestros conocimientos generales de las ciencias naturales.

A pesar de todo, las mujeres sí somos usualmente mejores cuidadoras, y el vínculo entre la madre y los hijos es más fuerte que entre el padre y los hijos. Los hombres sí son generalmente más agresivos que las mujeres. Por lo tanto, podemos discutir productivamente por qué esto es así y qué implicaciones tiene para la vida de cada quien. Sobre todo, ¿qué significa querer a los hijos para una mujer en términos de otras formas de realización personal? ¿Realmente todas las madres son amorosas? ¿Qué tipo de familia queremos? ¿Por qué la masculinidad se asocia con la violencia? ¿Queremos que esto siga siendo así? Para aproximarnos a algunas respuestas, necesitamos hablar de historia. La próxima sección explora la construcción de estas diferencias entre lo masculino y lo femenino desde tiempo inmemoriales.

Debates sobre lo masculino y lo femenino

Si la explicación no es biológica, entonces busqué-
mosla en la sociedad. ¿Cuándo empezó todo esto? ¿En
qué momento las mujeres nos quedamos en el hogar
y los hombres se hicieron responsables del gobierno?
Antes de continuar, una nota precautoria: éste es otro
de los debates ociosos sobre género que nos hacen
perder mucho tiempo. Iniciamos una conversación
sobre "¿Por qué esto es así?" y luego continuamos con
"Es que siempre ha sido así", seguido por una discusión histórica en la que citamos datos al azar que
no sabemos de dónde sacamos. Repetimos frases muy
cuestionables, tales como "Es que cuando éramos ca-
zadores-recolectores los hombres salían a perseguir
mamuts", "Como la mujer se embarazaba y no podía
salir a cazar o recolectar, pues se quedaba en casa",
etcétera.[2]

Primero, el hecho de que las cosas siempre hayan
sido así no excluye que debamos cambiarlas. Como
se apuntó desde el inicio, durante cientos de años,
la esclavitud fue un sistema legítimo de organización

---

[2] Para más información sobre los roles de género y sus orígenes
ver los textos en la bibliografía recomendada.

social y económica, desde la Antigua Grecia hasta el auge de los imperios europeos o la economía del algodón en Estados Unidos. Sabemos también que tenía una función de producción crucial para el desarrollo de los mercados de materias primas, como el caucho y el café. Sin embargo, hubo un momento donde como sociedad estuvimos de acuerdo en que esto era fundamentalmente injusto. Establecimos que los seres humanos tenemos el mismo derecho a la vida, la autonomía y la libertad. Tanto esclavos como personas libres se solidarizaron e iniciaron movimientos de protesta, cabildeos políticos, argumentos filosóficos. El resultado fue la abolición de la esclavitud y su penalización en el derecho de todos los países.

Segundo, saber si la desigualdad entre hombres y mujeres empezó el día 15 de agosto del año tal del siglo III en el Medio Oriente, o si se gestó en otro momento o lugar, no nos ayuda mucho. Lo que necesitamos es entender el contexto histórico pertinente para debatir lo que está pasando. Esto nos remite a procesos sociales que marcaron inequívocamente nuestro presente, aquellos que establecieron la división entre el espacio público como masculino y el privado como femenino. El siguiente esquema muestra las principales características de esta distribución de roles.

Division histórica de roles de género

Procesos de cambio en el rol masculino
Participación en cuidado de los hijos y labores del hogar

Público	Privado
Estado-Gobierno	Hogar-Familia
Ciudadanía-Servicio militar	Ciudadanos-Maternidad
Economía-Trabajo	Labores domésticas
Conocimientos-Razón	Sentimientos-Intuición
Espacio masculino	Espacio femenino

Procesos de cambio en el rol femenino
Participación política, obtención de derechos, inserción en el mercado laboral

Elaboración propia

Recordemos a los filósofos del Estado, autores que influyeron en la noción moderna de que hay una autoridad que rige una población en un territorio específico. Todos eran hombres. Podemos empezar por los griegos como Platón y Aristóteles, para luego pasar por algunos pensadores clave como Maquiavelo, Hobbes, Rousseau, Montesquieu. Lo mismo pasa con los ideólogos de la economía: Adam Smith, Karl Marx, John Maynard Keynes. Esto a su vez refleja que el conocimiento tanto filosófico como científico también ha pertenecido a la esfera masculina, al igual que la idea de racionalidad o razón. Lo mismo sucede con la industria, en donde surgen nombres como Cornelius Vanderbilt, John Rockefeller, Henry Ford. El punto es que históricamente el espacio público, el saber, la política y el mercado han sido pensados y diseñados por y para hombres.

Los primeros ciudadanos, en Grecia, eran hombres dueños de propiedades y esclavos. La misma práctica persistió cuando surgieron las democracias modernas. Recordemos que la declaración de la Revolución francesa de 1789 fue la de los derechos del hombre en igualdad y fraternidad. También la famosa frase inicial del acta de independencia de Estados Unidos decreta que "todos los hombres son creados iguales". Los franceses y norteamericanos establecieron la propiedad como uno de los requisitos para la ciudadanía, e incluso algunos de ellos poseían esclavos (el más famoso, Benjamin Franklin), igual que los griegos. Por lo tanto, esta figura política no empieza como un derecho universal o una categoría incluyente, sino como una prerrogativa de hombres blancos de clases altas. Además, estos hombres blancos se presentaban siempre como heterosexuales. En contraste, las mujeres quedamos a cargo del espacio privado, la organización de la esfera doméstica y la reproducción. Para lo cual, más que conocimiento, se necesita sensibilidad ante las necesidades de los otros (el esposo y los hijos). Lo anterior ha dado pie a la noción de "intuición femenina".

Paulatinamente, se quitaron estos requisitos para poseer una ciudadanía, hasta llegar al día de hoy en donde —en teoría— toda persona goza de las mismas prerrogativas. Así pues, las mujeres fuimos incluidas bastante tarde. Por ejemplo, como ya mencioné, en México obtuvimos el derecho a votar en 1953 y lo ejercimos por primera vez en 1954. Podríamos decir que llegamos aproximadamente 150 años después a la construcción del modelo de Estado en el que vivimos hoy. Aquí hay una desigualdad evidente. ¿Quién le entiende mejor a la película: quien llegó primero o quien llegó a la mitad? ¿Quién tendrá más peso en una junta de trabajo: quien llegó temprano y puso las reglas de convivencia o quien llegó a la mitad y apenas se va enterando? Las mujeres, por el simple hecho de llegar tarde a la política, estamos en desventaja (de ahí una de las justificaciones de la ley de cuotas discutida anteriormente). Lo mismo puede decirse del ámbito laboral. Nosotras somos parte importante de la población económicamente activa a partir de la Segunda Guerra Mundial, y en números contundentes desde los años setenta, cuando las crisis económicas obligaron a las familias a buscar más sueldos para sostener su calidad de vida.

Sin embargo, antes de continuar el análisis de las desventajas que esta división entre lo público como masculino y lo privado como femenino tiene para las mujeres, me gustaría enfocarme en las que tiene para los hombres. Esto solamente porque las primeras son más obvias que las segundas. Al ser ciudadanos responsables del Estado, los hombres tenían el deber de defender a la patria. De tal forma que, si el soberano, por justas razones o por mera locura, declaraba la guerra a otro país, eran los hombres los que debían ir a morir. A cambio, las mujeres nos quedábamos a salvo en el hogar, paríamos, cuidábamos de la casa y de los hijos. Lo anterior, sólo en el supuesto de que ellos lograran contener el conflicto o lo ganaran; si la batalla llegaba a nuestras casas, éramos parte del botín. ¿Por qué un hombre tenía que arriesgar su vida y nosotras nos quedábamos esperando? Evidentemente, no es cuestión de simple fortaleza física. Hay muchas mujeres más fuertes que muchos hombres, quienes podrían en un momento dado ir a la guerra. En todo caso, si el criterio fuera simplemente fuerza, tendrían que descartarse algunos hombres y reclutarse algunas mujeres. Más aún, con el desarrollo de las armas, la fuerza física pasó a ser algo secundario.

De manera similar, con la consolidación del modelo de producción industrial y el auge del comercio a gran escala (a principios del siglo XX), el trabajo se consolidó como una responsabilidad masculina que implica la actividad económica fuera del hogar. Los hombres han necesitado salir de casa, "ganarse la vida" para ellos y para su familia, "asegurar el pan". Mientras que ellas se han quedado "esperando" a que les provean de comida, ropa, dinero, como si la labor doméstica no contribuyera a sostener a la familia o no significara esfuerzo alguno. Por otro lado, si bien muchas mujeres han "trabajado" (en el sentido tradicional que acabo de delinear), la responsabilidad principal del sustento siempre ha recaído en el hombre. Es importante reconocer que enfrentar los ambientes laborales puede ser una pesada carga. Desde el desgaste de estar en el campo, cosechando al rayo del sol, o de ser obrero en una fábrica en condiciones precarias, hasta estar todo el día encerrado en una oficina. En otras palabras, el trabajo no es siempre una actividad envidiable. De hecho, hasta el día de hoy, todo mundo añora unas vacaciones.

Sin embargo, a cambio de cumplir con las responsabilidades de su género, ellos obtuvieron ciertas conceciones. Por arriesgarse a morir en tiempos de guerra, los hombres gozaban de las libertades de la ciudadanía. En el espacio público, podían ser educados, tomar decisiones, ser todos considerados como iguales. A cambio del trabajo, alcanzaban a ser dueños y señores del dinero, lo cual les permitía exigir obediencia en casa. No en vano el sentido común nos dice que "el que mantiene detiene". Las mujeres, a cambio de cuidar a los hijos y encargarse de la administración de la casa, recibían muy poco. Al no gozar de la ciudadanía, no necesitaban más que una educación muy básica; tampoco gozaban de la libertad de ir y venir a donde les pareciera. Al no ser "sujeto económico", no tenían derecho a propiedades y, por supuesto, no había leyes que declararan su fraternidad universal. En pocas palabras, esta estructura a quien más perjudicaba era a las mujeres, que terminaban a merced de que su marido no muriera en la guerra y fuera lo suficientemente responsable para traer los recursos necesarios para la supervivencia.

Al estar restringidas al espacio privado y al ser éste defendido y sostenido por los hombres, ellas quedaron completamente a su merced. En este esquema, si te tocaba un "buen marido", a lo mejor te la pasabas bien; pero si te tocaba uno "malo", tu vida podía ser una pesadilla. A grandes rasgos, las esposas de campesinos y obreros tenían que sobrevivir con los pocos recursos que ellos pudieran obtener. Quienes se atrevían a buscar un ingreso complementario lo hacían sin ningún reconocimiento de su calidad de trabajadoras. Esto las sujetaba a condiciones de explotación mucho mayores que las de los hombres. Por otro lado, las mujeres aristócratas tenían como su principal preocupación, si eran solteras, conseguir con quién casarse, sobre todo si en su familia no había hijos varones que heredaran la propiedad del padre. Esto las sometía a la voluntad de algún primo o pariente que podía decidir dejarlas como estaban o correrlas de su casa. Recordemos a las heroínas de las novelas de Jane Austen, como *Orgullo y prejuicio* o *Sensatez y sentimientos*, también cualquier serie o película acerca de estas sociedades como *Downton Abbey*. En todas estas tramas, la principal preocupación de los personajes femeninos aristocráticos es conseguir un buen marido para no quedarse sin hogar o sin alguien que pueda protegerlas. En retrospectiva, parecería parte del romanticismo un tanto frívolo de las novelas, pero en su época era una preocupación genuina. Sin un hombre custodio, las mujeres quedaban absolutamente desamparadas por la sociedad y por las leyes.

Entonces, no es de sorprender que las mujeres fueran las primeras que quisieran cambiar el sistema, y para hacerlo se dieron cuenta de que necesitaban garantías legales, empezando por las libertades individuales y el acceso a la educación. Sin embargo, los políticos que respondían a la voluntad popular no tenían ningún incentivo para hacerles caso. La aprobación de las mujeres no se transformaba en triunfo electoral. Tampoco se les consideraba dignas interlocutoras porque no pertenecían a la política.

Así, suena lógico que el primer derecho por el cual las mujeres comenzaron a trabajar masivamente fue el voto. Para ello, tuvieron que salir a la calle a protestar, cabildear con presidentes, reyes y congresistas. Las que querían el sufragio fueron de inicio llamadas sufragistas, y luego feministas, como una forma más bien despectiva de notar que eran mujeres luchando "neciamente" por temas que no les correspondían. Si buscamos retratos de sufragistas u opiniones sobre ellas, nos daremos cuenta de que no eran bien vistas. Por ello, el sufragismo se considera el primer movimiento propiamente feminista, porque es organizado, liderado y protagonizado por mujeres. Es decir, mientras que las feministas europeas de la época de la Ilustración contribuyeron de manera muy importante al surgimiento del feminismo como movimiento político con sus ideas, son las sufragistas quienes movilizaron a las mujeres en marchas, manifestaciones y declaraciones masivas, primero en Inglaterra, posteriormente en Estados Unidos y otros países del mundo occidental.

Lo anterior causa un poco de confusión, porque quienes estudian hoy la historia del feminismo como movimiento filosófico sitúan la primera ola en las pensadoras europeas que cuestionaron las ideas del humanismo y la modernidad. Sin embargo, otras académicas que abordan el movimento político sitúan la primera ola en el sufragismo. En realidad, es importante recordar que la metáfora de la ola es muy útil para entender la historia. El agua de las olas avanza de manera turbulenta y retrocede, para volver a avanzar mezclándose con el agua de la ola que viene. Así, más que poner límites fijos entre una etapa del feminismo y otra, me parece esclarecedor pensarlo como una serie de movimientos que van ganando y perdiendo espacios para las mujeres, y cuyas reivindicaciones se mezclan en los tiempos y los contextos, aunque siempre buscan llegar hacia a la orilla, que en este caso sería la igualdad de condiciones.[3]

Por otro lado, no tiene sentido suponer que el feminismo se llama así porque es exclusivo de mujeres. Sabemos que hubo muchos hombres que apoyaron a

---

[3] En la bibliografía recomendada se enlistan algunos textos con distintas aproximaciones a la reconstrucción histórica del feminismo para ilustrar este punto.

las sufragistas, desde amigos hasta parejas o interesados solidarios. También es verdad que quienes estuvieron dispuestos a otorgar el derecho al voto fueron legisladores hombres —por las razones que sean. Tampoco debemos olvidar que muchas estaban en desacuerdo porque consideraban que el voto iba en contra de sus roles como madres y amas de casa. Así pues, el movimiento no fue de mujeres contra hombres, nunca lo ha sido. Se llamó feminismo y se sigue llamando así porque es un movimiento liderado por mujeres, enfocado a nuestros derechos, en donde los hombres han jugado y juegan un papel secundario. En una sociedad machista esto es difícil de concebir porque siempre ha sido al revés: nosotras jugamos por lo general ese rol supletorio en los movimientos sociales. Tampoco es algo exclusivamente femenino porque el sistema, como ya se argumentó, se impone también sobre ellos a través de los mandatos de la masculinidad, tales como la guerra y el trabajo. Compartir los beneficios de la democracia significa también compartir responsabilidades, y una sociedad más igualitaria es un objetivo que beneficia a todo el mundo, no sólo a las mujeres.

Una vez obtenido el voto, las mujeres buscamos los derechos educativos y laborales, específicamente la igualdad de oportunidades en el acceso a puestos de toma de decisiones, así como salarios equitativos. Sin embargo, el tema más polémico y que aglutinó gran parte de las luchas en la siguiente gran agenda social (también llamada segunda ola o tercera ola del feminismo) tuvo que ver con el control del cuerpo y el cuestionamiento de las condiciones de la mujer en el seno familiar. De ahí viene la frase "lo personal es político", la cual denotaba que las condiciones del espacio privado eran también fundamentalmente injustas, más allá de las relaciones particulares de cada pareja. Es decir, la mujer por sí misma no podía hacer frente de manera individual a situaciones de desventaja en el hogar derivadas del contexto social. Por eso se buscaron leyes que salvaguardaran a las mujeres de la violencia doméstica, protección en caso de separación o divorcio y otros derechos familiares. Legislar sobre el hogar es, entonces, una manera de erosionar la distinción entre el espacio tradicional de la política, que es la ley, y el espacio de lo privado o personal, que es la casa.

Un punto central fue el acceso a las pastillas anticonceptivas y a los servicios ginecológicos sensibles a la experiencia femenina. Esto cobra sentido si pensamos en las implicaciones que tiene el embarazo en un esquema donde el rol de la mujer incluye toda la responsabilidad del cuidado de los hijos. Imaginemos a una joven que en los años cincuenta se casaba a los 18 años, como era costumbre. Al no tener poder de decisión sobre su maternidad, tenía 10 hijos vivos, una situación bastante común en esta época. Estaba embarazada hasta los 28, y si tenía que cuidar al último que había nacido y a los pequeños, seguía saturada por estas actividades aproximadamente cinco años más, hasta cumplir 34 años. ¿En qué momento ejerce sus derechos laborales o políticos?

Claro, en este esquema el hombre mantenía a esos hijos y esto también era una presión muy fuerte. No obstante, al gozar de las libertades fuera del hogar, ser el que controla el presupuesto y no tener responsabilidad directa sobre la vida cotidiana de los niños —en rituales como la alimentación, la ropa y la compra de útiles escolares— podía ser más fácil para él elegir no mantenerles o gastarse el dinero en otra cosa. Sin embargo, muchos padres responsables estuvieron a favor del uso de los anticonceptivos y apoyaron esta reivindicación femenina. Hubo médicos e incluso miembros de Iglesias que fueron clave para ayudar a que, poco a poco, las legislaciones fueran más permisivas. No es casualidad que muchos opositores feroces fueran hombres de clase alta, que no tenían problemas para proveer en sus hogares, o personas sin hijos

—notablemente, algunos sacerdotes católicos que fueron y han sido muy influyentes.

Otra pregunta que surge es ¿por qué la píldora y no el condón? Porque el condón implica una negociación con la pareja para que lo use y en el esquema donde el hombre tiene el poder absoluto —económico y legal— sobre el hogar, las mujeres no pueden obligarle a usarlo. En cambio, tomarse una pastilla puede hacerse con o sin su consentimiento. Aun así, en muchos países, las mujeres debían mostrar a los doctores una carta de sus maridos para obtener la receta. Hoy ya podemos comprar las pastillas en cualquier farmacia, gracias a las protestas de esta generación, y esto ha contribuido a que tengamos control sobre nuestros cuerpos y nuestro futuro. Lejos estamos de compartir la responsabilidad de la concepción con ellos. Dado que históricamente hemos sido las responsables de la reproducción y del cuidado de los hijos, aún hay muchas personas que adjudican la responsabilidad de los embarazos —deseados o no— a las mujeres. De ahí que las campañas de control de natalidad sean dirigidas principalmente a nosotras y que aún no haya pastillas anticonceptivas para hombres —aunque muchos pudieran estar dispuestos a tomarlas.

Recientemente, han surgido otras reivindicaciones, tales como la ampliación de la agenda en contra de la violencia y la promoción de los derechos de la diversidad sexual. Estos últimos son los que han señalado que ser hombre o mujer no es la única opción de género. Sin embargo, antes de discutir estos temas, es importante ver cómo, a pesar de que los límites entre lo público y lo privado son tan cuestionables como dinámicos, muchos de los estereotipos de género están vigentes y tienen una repercusión directa en la estructura social.

Estas ideas de hombre proveedor, fuerte, protector, y de una mujer sensible, amorosa, madre, sumisa, que puede ser ama en su casa, pero no debe destacar públicamente, se mezclan con las nociones biologistas discutidas previamente. Así, se reproducen estereotipos de género en la vida cotidiana, mismos que a veces rayan en lo risible. Los medios de comunicación son un buen ejemplo de cómo llevamos algunas nociones grabadas a fuego en nuestro inconsciente y las reflejamos en nuestra vida social.

Analicemos un caso conocido e ilustrativo. Casi todo el mundo ha visto *Titanic*, y sabemos que cuando un barco se hunde la gente grita: "Mujeres y niños primero". Esto pasa en todas las emergencias y parecería ser lo más sensato. Dejando de lado a los niños, que deben ser siempre protegidos, ¿por qué en el Titanic van los botes salvavidas llenos de mujeres con un par de hombres que reman? ¿Por qué si yo voy en el Titanic mi vida lleva prioridad a la de mi hermano? Yo con gusto le cedería el lugar. Esos dos hombres del bote, llamémosles Pedro y Juan, están ahí porque se asume que son más fuertes y nosotras no podremos remar. Cuando a todas vistas hay mujeres con mayor físico que podrían sustituirles, o entre dos agarrar los remos sin problema.

También se admite que, si van niños, las mujeres deben cuidarlos "por instinto", y que, llegando a tierra, si se encuentran en una isla desierta, Pedro y Juan podrían embarazarnos a todas para la continuación de la especie. Si bien no se grita: "Mujeres fértiles al bote primero y hombres fértiles a remar", la premisa está ahí. Este criterio para la salvación no tiene sentido. De hecho, los pobres hombres que se suben a la embarcación son vistos como delincuentes cobardes; su deber era morir con los demás. A cambio de ser salvadas, por supuesto, estas mujeres deben ser femeninas. Es decir, respetar la autoridad masculina, seguir las instrucciones y dejar que ellos dirijan el bote, además de servir como incubadoras en un momento dado.

No cuestionar estas concepciones arraigadas nos condena a experimentar las desigualdades de género y a vivir en una estructura social donde estos hombres, fuertes y proveedores, toman todas las decisiones.

Podríamos argumentar que las cosas han cambiado: nosotras hemos ingresado al espacio público y, en mucha menor medida, los hombres han incursionado en el espacio privado. ¿Por qué en menor medida? Porque el espacio público es el de las libertades y el éxito —asociado con el poder y el dinero—, y claro que las mujeres queremos entrar. El espacio privado, por otro lado, es el de los sentimientos, donde las mujeres pueden realizarse, pero no "triunfar". También es el lugar del cuidado de los hijos y del trabajo del hogar, ambas tareas arduas sin remuneración ni reconocimiento. Por supuesto que los hombres no quieren entrar del todo. Por ello, la figura pública sigue siendo la del hombre que tiene mayor acceso al poder, concebido tanto como el poder para influenciar a otros como el de vivir la vida que se quiere. Este hombre se encarna en el "macho", padre o patriarca, dueño indiscutible de las decisiones importantes. La siguiente sección discute esta expresión del patriarcado y sus implicaciones.

C
El machismo:
¿cómo funciona la cultura patriarcal?

Se ha escrito mucho sobre este tema y se ha gastado mucha tinta. Para retomarlo voy a usar de manera general las ideas de tres académicas activistas, muy reconocidas en los estudios de género: Raewyn Connell, Kimberlé Crenshaw y Rita Segato. La primera plantea que la sociedad ubica ciertos estereotipos de lo masculino y lo femenino en distintas jerarquías relacionadas con el poder. La segunda desarrolla cómo éstos también están influenciados por otros factores, principalmente el color de la piel (importante por los procesos coloniales de racialización en donde la piel blanca representaba el poder) y la clase social. La tercera argumenta que esta realidad construye mandatos de masculinidad, de los cuales no se puede escapar. Segato se enfoca sobre todo a estudiar la violencia de los hombres hacia las mujeres. Sin embargo, yo me permito partir de esta idea para hablar de mandatos en un sentido más amplio, como aquellos imperativos de comportamiento que conciernen tanto a la hombría como a la feminidad. Si consideramos estas perspectivas en su conjunto, podemos armar un esquema que representa el patriarcado para interpretar y analizar diversas situaciones sociales. De tal forma que podamos ubicar cada estereotipo social en un *continuum* que va de más a menos poder.

Estereotipos del Patriarcado

Masculinidad hegemónica/Patriarca
• Hombres blancos
• Socialmente identificados como heterosexuales

• Estrato socioeconómico alto

Masculinidad Subordinada
• Hombres que no son blancos

• Socialmente heterosexuales
• Estrato socioeconómico bajo

Feminidad subordinada
• Mujeres blancas y no blancas ni "güeras"
• Socialmente identificadas como heterosexuales
• Sólo trabajan en el hogar
    • "Obedecen" al esposo
    • "Cuidan" de los hijos

Masculinidad Resistente
• Hombre que no cumple con el
  estereotipo hegemónico
• Puede ser por su identidad
  sexual, o por tener
  comportamientos y actitudes
  consideradas "femeninas" o
  "afeminadas"

Feminidad resistente
• Mujer que no cumple con el estereotipo
  hegemónico
• Puede ser por su identidad sexual o por
  tener comportamientos y actitudes
  consideradas "masculinas"

+ PODER −

Elaboración propia

Aquí, el mayor poder lo tiene el estereotipo de hombre blanco heterosexual. Vale la pena recalcar que en principio es un tema de apariencia, no importan las prácticas sexuales del individuo, ésas no son cuestionadas, dada la posición de jerarquía que ocupa. Por ejemplo, si un hombre como Donald Trump es presidente de Estados Unidos, puede sorprendernos por su falta de experiencia política o su discurso de odio, pero no por lo que representa. Contrastemos su caso con el de Obama, quien tenía un perfil mucho más sólido para ser presidente: carrera política, preparación, respaldo del partido. Sin embargo, al día siguiente de su elección, en los encabezados se leía: "Primer presidente negro de Estados Unidos". En otras palabras, cuando un hombre es blanco y heterosexual, puede llegar al poder, así como ejercerlo sin que nadie se sorprenda o haga preguntas. Este poder incluye el acceso a la educación y al conocimiento, lo cual será un aspecto importante para entender la construcción de algunas etiquetas sociales más adelante. Esta figura Connell la llama "masculinidad hegemónica", porque tiende a dominar siempre. Ellos no sólo son presidentes, sino también jueces, senadores, ejecutivos de empresas, etcétera. Es importante aclarar que este posicionamiento no se trata de ser "buena gente" o "mala gente", sino simplemente de un estatus que la sociedad les otorga cuando les ve y que implica ventajas en el ejercicio del poder. Por ejemplo, el primer ministro canadiense Justin Trudeau, con todo y su carisma y su gabinete diverso, también encarna la masculinidad hegemónica.

Después de ellos, quienes más poder tienen son los que representan la masculinidad subordinada. Son todos aquellos hombres heterosexuales que, por su condición de clase social, de raza o de nivel educativo, no tienen tanto poder como los hegemónicos. Luego siguen las feminidades subordinadas, mujeres blancas heterosexuales que cumplen con su rol histórico de ser sumisas a la autoridad masculina, de limitarse al hogar y al cuidado de los hijos. Por ejemplo, el ejecutivo de una empresa (masculinidad hegemónica) tendrá siempre el poder de su clase sobre el conserje (masculinidad subordinada), pero si ambos están casados, ejercerán el mismo poder de género sobre sus esposas (feminidades subordinadas).

Todas estas categorías son relativas, en el sentido de que sirven para analizar situaciones. Se tienen que ir acomodando los estereotipos para analizarlos en esta escala de poder. Por ejemplo, volviendo al caso de Donald Trump, éste representa la masculinidad hegemónica, mientras que Obama pasaría a un rol más subordinado. Sin embargo, ser un presidente negro en Zimbabwe, donde la población es en su mayoría negra, constituye en esa sociedad claramente una posición de hegemonía. Lo mismo en México. Ser blanco da un poder racial, pero quienes pertenecen a la mayoría mestiza también pueden superar estas barreras del color de la piel. De hecho, tenemos muchas escalas de distintos tonos de piel que van desde aperlado hasta moreno. Así pues, el análisis es interseccional. Es decir, busca entender el género en su cruce con otras características, las cuales pueden ser más o menos relevantes dependiendo del contexto o la posición social de las personas. La misma lógica aplica para el estudio de todas las categorías en el esquema.

Debajo del poder de la feminidad subordinada, encontramos las masculinidades resistentes: éstas son aquellas que no cumplen con los estereotipos. Por ejemplo, los hombres que se dedican a profesiones "femeninas" como el ballet, la enfermería o el cuidado de los hijos. Finalmente, están las mujeres que resisten, aquellas que estudian, trabajan, son choferesas, ingenieras o mecánicas. Por supuesto, los hombres y mujeres que no son heterosexuales también transgreden la estructura de poder. Recordemos que los estereotipos están basados en la construcción histórica de la división hombre/mujer, asociada a lo masculino/femenino, la cual es reproducida principalmente en la institución del matrimonio heterosexual. En este sentido, el estatus que confiere la estructura patriarcal también puede ser entendido como un privilegio. Es decir, al igual que la condición de nobleza, éste se adquiere por nacimiento (en este caso las características fenotípicas, la nacionalidad y la clase social de la familia) y es prerrogativa de un número limitado de personas.

Podemos definir el machismo como una forma de pensar y actuar que reproduce el patriarcado. Al ser este último una estructura, lo encontramos en todas partes, tal como se ha discutido y se ejemplificará en el resto del texto. Por lo tanto, el machismo es cultural en el sentido de que incluye imágenes, representaciones y costumbres que se aprenden a lo largo de la vida a través de la familia, la escuela y las instituciones. En otras palabras, está en todas las instancias de socialización. Como fenómeno cultural, es diverso y se manifiesta de distintas maneras tanto a nivel colectivo como individual. A veces estos aprendizajes se manifiestan en nuestras acciones de manera inconsciente o automática y a veces las imponemos a otros.

Hay quienes abogan por un orden patriarcal como bandera política y hay quienes resisten el machismo. Está de más decir entonces que tanto hombres como mujeres podemos ser machistas. Por ello, de ahora en adelante usaré indistintamente el término patriarcado, estructura patriarcal y machismo para referirme a todas las situaciones, ideas y actitudes que refuerzan e imponen el esquema de estereotipos de género, así como su lugar en el orden de poder aquí descrito. Sobre todo, haré énfasis en que éste representa el *statu quo* y, por lo tanto, la resistencia tiene un costo. De hecho, cada vez que alguien se quiere salir de la estructura, la sociedad le impone un castigo, el cual puede ir desde el uso de palabras —insultos, burlas, chismes— hasta la muerte. Veamos algunos ejemplos en los cuales me permitiré usar un lenguaje violento para ilustrar de manera clara las consecuencias de la resistencia. Primero ejemplificaré el trabajo y luego las relaciones de pareja.

DILEMA 1. EL TRABAJO Y LA FAMILIA

Imaginemos a una pareja heterosexual en la cual él tiene un trabajo donde gana poco y ella es una profesionista exitosa. Deciden tener hijos. Él está dispuesto a renunciar y quedarse en casa para cuidarlos. ¿Qué dice la sociedad al respecto? Escuchamos palabras como "huevón", "mandilón", "joto". Porque al ser una estructura donde la heterosexualidad es la norma (es decir, heteronormada), no serlo implica un insulto. ¿Qué se dice de ella? Podría pensarse que la ven valiente y luchona. Pero el calificativo común es "Pobrecita, le salió huevón el marido, ¡ni hablar!" También por supuesto la llamarán "perra" —por "someterlo"—, "mala madre" y "machorra". Incluso la gente dice: "Están al revés", implicando, además, un imaginario de sus sexualidades. Todo porque efectivamente están al revés de la costumbre, dado que ésta es patriarcal. La situación afecta por ende a los hijos. Cuando él vaya a la guardería, al kínder o a la primaria, se le pedirá que lleve a "su mujer", o se le verá con desconfianza. A los niños se les tendrá lástima por tener una madre "desobligada".

Siguiendo con la idea del trabajo, un hombre que está desempleado fracasa en su rol masculino esencial de proveedor. Encontrarse en esta situación es emocionalmente muy difícil. La sociedad le estará constantemente recordando su falla en la responsabilidad de aportar dinero al hogar, de "sostener" a su familia.

En cambio, si la mujer pierde su trabajo, la gente le dirá que no se preocupe porque "tendrá más tiempo para sus hijos". Igualmente, una de las justificaciones para pagarles más a los hombres que a las mujeres por el mismo empleo ha sido la asunción de que el sueldo de él es para mantener la casa, mientras que el de ella es simplemente un complemento.

Hoy las madres que tienen un empleo reconocido ya no son una excepción. Aun así, siempre está en tela de juicio si saben balancear el trabajo y la familia —una pregunta que nadie se hace de los hombres. Además, dado que ellos todavía no ingresan de lleno al espacio privado, ellas laboran doble jornada, fuera y dentro del hogar. A las ocho horas de empleo se agregan mínimamente otras ocho horas lavando ropa, planchando, haciendo de comer, bañando niños, etcétera. Por otro lado, mientras que a la madre ausente se le crucifica, el padre ausente puede tener motivos, incluidas sus actividades laborales. Lo anterior se suma a que —tal como se expuso en la sección previa— la noción de trabajo no incluye las labores familiares. Cuántas veces no escuchamos la pregunta: "Señora, ¿en qué trabaja?", a la cual se responde: "No trabajo, soy ama de casa".

Todos estos estereotipos tienen consecuencias institucionales importantes, las cuales implican desventajas para ambos géneros. Primero, muchos juicios de custodia aún asumen que ella es quien debe quedarse con los niños porque los va a cuidar mejor. Segundo, a pocos hombres se les otorga el permiso para cuidar de los hijos, equivalente a la licencia por maternidad (en algunos países esto ya está contemplado en las leyes laborales, pero suele ser por poco tiempo; en México, por ejemplo, son sólo cinco días). Además, a las madres trabajadoras se les exige que vayan a los festivales y reuniones de la escuela en horas laborales porque su deber es darle a esto prioridad. De la misma forma, cuando el niño se enferma, ella es quien pide permiso de ausentarse. Lo anterior no depende siquiera de la buena voluntad de la pareja; si es él quien pide permiso, probablemente no se le otorgue. También la mujer encuentra dificultades si tiene que asistir a eventos sociales como parte de su trabajo que impliquen cenas o retiros de fin de semana que la obliguen a ausentarse de casa. Esto refuerza lo que las feministas han llamado el "techo de cristal". Una barrera invisible de prejuicios y condiciones desventajosas, los cuales impiden a las mujeres escalar en puestos de mando o de dirección de empresas.

Estos dilemas se suelen discutir cotidianamente. El enfoque suele ir sobre la irresponsabilidad de los hombres desempleados, la parcialidad de los jueces hacia las mujeres en temas de derecho familiar, la injusticia de no otorgar a los padres trabajadores los mismos derechos que a las madres trabajadoras. Otro enfoque está relacionado con los problemas que ocasiona al jefe dejar salir antes a sus subordinadas, por la carga laboral que esto implica para los colegas de la fábrica o de la oficina. Es decir, se escuchan frases como "¿Por qué no hay licencia de paternidad?", "¿Qué culpa tengo yo de que mi secretaria no tenga quien le cuide al niño?" Sin embargo, la discusión de fondo tendría que pasar por cómo se construye un hogar. Sobre todo, el desfase de las demandas de eficiencia laboral respecto de las instituciones de sostenimiento y cuidado de la infancia. Éste es un problema tanto de las empresas como de las guarderías y escuelas.

Necesitamos buscar maneras de cambiar el hecho de que el patriarcado sigue privilegiando, en todos los ámbitos, una noción de masculinidad proveedora y una de feminidad subordinada. En este marco, el hombre siempre tiene la obligación de proveer cueste lo que cueste, ya sea al tener que aguantar condiciones de empleo precarias o al iniciar negocios que funcionen a como dé lugar —aun a veces más allá de los límites de la honradez. Y, sin embargo, él sigue teniendo más opciones. Por un lado, pensemos cómo juzga la sociedad a los padres que abandonan a su familia y a las madres que hacen lo mismo. Por el otro, recordemos que el cuidado de los hijos sigue siendo primordialmente una obligación de la mujer. Es ella quien tiene asignada la responsabilidad reproductiva y carga con el mandato de sostener la vida en el hogar. Comúnmente se dice que "hay hombres que ayudan", pero no se espera que ambos compartan equitativamente la misma carga.

Es importante recordar que este análisis intenta identificar las esferas de poder y las posibles consecuencias de resistirlo. De ninguna manera se trata de hacer una crítica a las mujeres que han elegido quedarse en casa al cuidado de los hijos. No obstante, cabe preguntarnos hasta qué punto ellas fueron libres de tomar esa decisión y hasta qué punto el sistema no les deja a las parejas otra opción. También vale la pena resaltar las contradicciones del ámbito privado. Por un lado, el trabajo de la casa pasa muchas veces desapercibido y es subestimado. Por otro, la figura de la madre tiene una voz legítima en la sociedad, así como un lugar de respeto incuestionable (lo analizaremos en breve). Sería muy útil hablar sobre esta estructura que nos permite tomar algunas decisiones en contextos muy restringidos, y entender los métodos sutiles de coerción, al igual que otros más agresivos, como el que se ilustra a continuación.

Dilema 2. Las parejas igualitarias

Pensemos en una pareja de jóvenes heterosexuales que llevan un noviazgo. Él la invita a pasear y hace mucho calor, por lo que ambos se ponen unos shorts y una camiseta sin mangas. En el esquema de estereotipos patriarcales, la mujer no muestra su cuerpo. Al estar consignada al espacio privado, la sexualidad femenina se ha constituido en tabú. La esposa y madre, en su calidad de feminidad subordinada, es sagrada y por lo tanto idealizada. Tan es así que hemos separado la figura de la mamá de la sexualidad: ningún hijo la quiere imaginar teniendo sexo, ya sea producto de su deseo o no. Una mamá cachonda es algo que a todos desprende un gesto de sorpresa o de negación casi al borde del escándalo. Ni se diga de una madre que actúa como servidumbre erótica del esposo o ha podido ser abusada. Sin embargo —salvo que la fertilización sea *in vitro* o de inseminación artificial— la mayoría de los embarazos son el resultado de una relación sexual.

Mostrar el cuerpo indica —en esta sociedad machista— la exhibición de una sensualidad sin miedo, y esto implica hacer pública nuestra sexualidad. ¿Cómo se les llama a las mujeres públicas? Mujeres de la calle, prostitutas. El hombre puede ejercer su sexualidad ante todos, para mostrar que "es capaz de cumplir con su responsabilidad de perpetuar la especie" o como cliente de servicios para "aliviar su necesidad dado su alto nivel de testosterona" (recordando biologisismos). La mujer que se muestra sexualizada es siempre puesta en el papel de ofrecida, de buscona. Por lo tanto, cuando esta pareja va caminando por el parque, a pesar de que ambos llevan la misma ropa, no son vistos de la misma manera. No es descabellado pensar que pasa un *bato* (generalmente cuando usamos la palabra bato nos referimos a alguien que encarna el imaginario de la masculinidad hegemónica) y le pega una nalgada. Se la pega desde lo alto del esquema de poder, porque puede, porque quiere, porque ella "se las está mostrando".

El novio ante esto tiene que cumplir con su mandato histórico respondiendo agresivamente, con una frase que probablemente sea "No le puedes hacer eso a mi mujer" o "No te metas con mi vieja". Sin embargo, ya establecimos que en esta pareja no hay machismo —y además el bato está inmenso. Entonces él responde: "¿Sabes qué, compadre? No hay bronca, ahí la dejamos". ¿Qué va a decir la sociedad de él? "Poco hombre", "cobarde", "puto". Incluso puede ser que algunos hombres que vayan pasando le digan: "Yo te ayudo y le partimos su madre", porque hay solidaridad en las respuestas machistas.

Ahora bien, si es ella la que le pega al bato, la respuesta puede ser "Qué bueno que no se deje", pero, simultáneamente: "¡Qué arriesgada! ¡Está loca! Si él le contesta, ella se lo buscó". Si ambos deciden denunciar al bato ante la policía, probablemente algún oficial le diga: "¿Quieres que yo defienda a tu novia? ¿No puedes tú?", "¡Es que mira cómo va vestida, ella lo provocó!" Desgraciadamente estas justificaciones aplican tanto a la nalgada como a violaciones y asesinatos. El resultado es que cuando regresen a casa, el novio le dirá a ella con toda lógica —que es diferente de toda justicia—: "Por favor, ya no te vistas así porque al salir a la calle nos podemos meter en un problema, es mucho riesgo". De tal forma, una pareja amorosa, completamente igualitaria, sale de su casa y regresa siendo una pareja desigual en donde él le dice a ella qué ponerse. Así, la estructura patriarcal se reproduce a veces intencionalmente —el agresor claramente está ejerciendo su poder masculino de manera abusiva— y a veces sin intención —como es el caso del novio.

Estos dos dilemas nos muestran cómo las situaciones pueden ser leídas más allá de las decisiones particulares de un jefe en la empresa, de un juez de lo civil o de un altercado fortuito entre desconocidos. Todas ilustran desigualdades de género que se reflejan en nuestra vida cotidiana. Vistas de esta forma, no perderemos el tiempo discutiendo, por ejemplo, si los niños están mejor con el papá o con la mamá, si las mujeres abusan de su rol de madres para pedir tiempo libre en la empresa, si debemos vestirnos de cierta forma en lugares públicos o si te puede controlar tu novio siempre y cuando sea por tu bien.

Todas estas controversias simplemente reproducen ociosamente prejuicios machistas en distintos niveles: individual, familiar, comunitario y social. Una visión más amplia de cómo éstos se relacionan nos llevará a debatir, por ejemplo, cómo acercar las labores de cuidado a la empresa, qué rol deben jugar las instituciones encargadas de apoyar en estas labores y cómo vamos a financiarlas. También podremos debatir sobre cómo nos relacionamos en espacios públicos y cómo concebimos el respeto, así como la seguridad y el amor. Podemos cambiar el tono y la profundidad de nuestros cuestionamientos.

Leer la realidad de esta forma es, a grandes rasgos, lo que las feministas hemos llamado "perspectiva de género". Así como unos lentes o el microscopio nos permiten ver detalles que no vemos de los objetos, la perspectiva de género nos permite ver situaciones en donde el patriarcado reproduce injusticias que usualmente están invisibilizadas. Una vez que nos ponemos estos lentes (también llamados gafas violetas por ser éste el color del feminismo), simplemente vemos el mundo de otra manera. Es cuestión de prestar atención y notaremos cómo las desigualdades de género se manifiestan en nuestras interacciones cotidianas. ¿Y por qué persisten? La respuesta más sencilla es porque a pesar de ellas podemos construir espacios de poder y negociar condiciones, lo cual engendra el espejismo de que la desigualdad no existe o puede ser superada sin cambiar el sistema, tal como se discute a continuación.

Los lentes del patriarcado: ensayando
la perspectiva de género

Como lo he expuesto, los estereotipos de lo femenino y lo masculino se han construido históricamente
y son dinámicos. Han variado a lo largo de los años,
pero aún siguen funcionando. Sobre todo, persiste la
noción de una masculinidad hegemónica que conti-
núa detentando la mayor parte del poder. Tanto los
principales puestos de toma de decisiones como la libertad de ir y venir en los espacios públicos siguen
siendo un privilegio de los hombres, particularmente de quienes se ven blancos y heterosexuales. De tal
forma que para ellos el mundo funciona sin mayores
problemas. Sin embargo, también es importante reconocer que podemos ejercer ciertas libertades y plantearnos una vida relativamente plena o feliz, incluso
ante estas desigualdades.

Aunque el patriarcado puede significar violencias
muy fuertes (como discutiremos más adelante), en
la vida cotidiana tenemos distintos márgenes de acción. En consecuencia, la opresión muchas veces pasa
desapercibida. Aun los estereotipos subordinados y
resistentes tienen maneras de ejercer el poder, y al hacerlo, no necesariamente cambian la estructura. Inclu-

so pueden servirse de ella y reproducirla, a la vez que logran grandes transformaciones en otros sentidos.

Uno de los ejemplos más claros es el de las Madres de Plaza de Mayo. Cuando la dictadura argentina llegó a niveles cruentos de asesinatos y desapariciones a fines de los setenta, surge un grupo de abuelas y madres que deciden buscar a sus hijos, desafiando el poder militar. Inician indagaciones en cuarteles y archivos. Al no recibir respuesta se cubren la cabeza con un pañuelo blanco y salen a protestar frente a la casa presidencial (en la plaza de Mayo). El régimen, fiel a su filosofía, las reprime. Las escenas de estas mujeres siendo golpeadas por policías salen en los medios de comunicación. La sociedad argentina, que al momento había sido testigo de desapariciones, muertes y denuncias de tortura generalizada, se indigna junto con la opinión internacional cuando ve que las víctimas son madres y abuelas buscando a sus hijos.

En una sociedad patriarcal, estas figuras son intocables, y el amor maternal, uno de los valores supremos. Por ello, después de ese día, a estas valientes mujeres se les permitió marchar cada jueves en la misma plaza y se les recibió de manera renuente en los cuarteles. Fueron pioneras en una larga lucha de derechos humanos que hasta el día de hoy es ejemplo de resistencia y organización para muchas otras madres y familias que enfrentan la misma injusticia y la misma desgracia.

Su labor es admirable. Ganaron un espacio de resistencia dentro de un sistema despótico, mismo que protegieron desde su lugar de feminidad subordinada en el sistema patriarcal. Su rol de madres se convirtió en bandera de lucha para legitimar el derecho de indagar por sus hijos. Si se hubieran definido simplemente como mujeres activistas en búsqueda de personas que no conocían, probablemente las habrían detenido como hasta el momento había estado sucediendo. Ésta es una muestra clara de cómo se puede ejercer el poder de la feminidad subordinada en medio de una sociedad represiva en donde predominan los valores de la masculinidad hegemónica. Aún hoy esta postura frente a la maternidad y la familia ha sido uno de los pocos recursos discursivos de protección para los movimientos de búsqueda de desaparecidos en México y en otros países. Esto de ninguna manera le resta valor a su lucha; solamente nos indica que son organizaciones de mujeres contra el autoritarismo y no contra la desigualdad de género.

En contraste, los movimientos que salen a la calle a protestar por injusticias relativas a la desigualdad de género son de otra naturaleza. Al cuestionar la sociedad patriarcal, incluso en un contexto democrático, han sido etiquetados como de feminismo extremista. Pensemos en las reacciones ante las marchas en la Ciudad de México en agosto de 2019, cuando miles de mujeres indignadas protestaron por la violación de una niña de 17 años por parte de tres policías, la cual quedó impune. Claramente el caso fue la gota que derramó el vaso en un país donde mueren como mínimo 10 mujeres cada 24 horas, de acuerdo con ONU Mujeres. Sin embargo, al día siguiente los titulares fueron acerca de las mujeres que habían "vandalizado" con pintas el monumento del Ángel de la Independencia y sobre un reportero golpeado por un hombre que no pertenecía al movimiento. La opinión pública se rehusó a hablar sobre la violencia de género, enfocándose en estos detalles de las marchas para tratar de condenar la protesta. La misma situación se repite ahora cada 8 de marzo, Día Internacional de la Mujer: cuando salimos a la calle de manera masiva para exigir igualdad y justicia, la opinión pública nos juzga siempre sin clemencia.

Vale la pena aclarar que no estoy defendiendo las intervenciones a monumentos por sí mismas. Lo que estoy tratando de resaltar es que a muy pocas personas les importa el patrimonio cultural de su país, salvo cuando se trata de criticar las marchas feministas. Aquí es donde señalo el machismo detrás del escándalo. El presupuesto destinado para la conservación de nuestra memoria es ínfimo, comparado con otros presupuestos públicos como el que se gasta en construir oficinas nuevas de gobierno, por ejemplo. En contraste, son muy pocas las organizaciones de rescate a los edificios antiguos o de preservación de nuestras lenguas originarias. También cabe resaltar que el vandalismo es la destrucción de propiedades sin sentido; los grafitis feministas tienen un significado: exigir justicia, recordar a nuestras muertas y desaparecidas. Por lo tanto, son un signo de digna rabia, resistencia y protesta. Si ésta es o no la mejor alternativa para manifestarse, podríamos discutirlo, pero primero tenemos que poner los acontecimientos en su justa dimensión y cuestionar la congruencia de los más ofendidos por estas demostraciones. Comparar las reacciones frente a las marchas por la búsqueda de desaparecidos con las reacciones frente a las marchas feministas nos da una idea de que, cuando las mujeres resistimos el patriarcado de manera frontal, la respuesta es distinta a cuando lo hacemos en otros aspectos, como por ejemplo buscando desaparecidos o participando en otro tipo de protestas.

Otro ejemplo con relación al poder que se ejerce desde la feminidad subordinada es el de las mujeres que deciden hacer uso de su cuerpo para competir en el campo laboral. Ya hemos discutido cómo los estereotipos de género operan a través de reglas no escritas que impiden nuestro avance, construyendo el llamado techo de cristal. Uno de ellos es que las mujeres utilizamos nuestra belleza o *sex appeal* en sustitución de otras aptitudes o recursos para disputar por puestos. Analicemos ahora con los lentes del patriarcado qué pasa en estas situaciones. Imaginemos una empresa, en donde el gerente está a punto de considerar a dos personas para un puesto vacante. Una de ellas le ofrece acostarse con él a cambio de salir favorecida. La lectura machista de la situación es acusarla a ella de utilizar lo que podríamos llamar su "capital erótico"[4] para beneficiarse al obtener un lugar que no le corresponde. Sin embargo, si consideramos la estructura de poder que cada uno tiene en el patriarcado, es decir, si leemos esta situación con perspectiva de género, el escenario cambia.

---

[4] Este concepto, y su relación con el patriarcado, es analizado a profundidad en el libro de Catherine Hakim, recomendado en la bibliografía.

Él, por ser jefe, tiene dos tipos de autoridad sobre sus empleados: el derivado de su jerarquía en la empresa y el de su género, ambos relacionados. Es decir, al ser hombre le fue más fácil obtener el puesto. El uso del cuerpo hecho por ella sólo es posible porque en nuestra sociedad éste se concibe como objeto sexual y, por lo tanto, se puede intercambiar. Sin embargo, quien establece la pauta es él. En este caso, la estructura le da el privilegio de considerar no solamente la capacidad de los candidatos, sino además la posibilidad de poner en juego una relación sexual como criterio de selección. Para avanzar en su carrera, ella responde a una situación en donde su esfuerzo y sus méritos laborales/intelectuales pasan a segundo plano. Sin embargo, la sociedad no cuestiona los mecanismos detrás de la negociación. Al ser la sexualidad un tabú y el uso del cuerpo como capital erótico un tema prohibido, éstos se invisibilizan y se consideran simplemente fuera del sistema de reclutamiento de personal. Pero están ahí, la organización los permite a la vez que los esconde. Más aún, al no estar escritos, se culpa a quienes están en posición subordinada de "corromper el proceso" o "aprovechar su condición de mujer", en lugar de analizar la situación como un abuso de poder.

En este sentido, es tan culpable quien le propone a una empleada acostarse con él para seleccionarla como quien acepta la oferta. Por supuesto, lo mismo aplicaría si la jefa fuera mujer y el empleado hombre, pero estas situaciones son menos frecuentes porque ellos tienen más posibilidades de ser considerados solamente por sus méritos laborales. Este esquema del patriarcado sirve entonces como un par de lentes para observar la realidad con perspectiva de género y darnos cuenta de cuándo estamos reproduciendo desigualdades. Ahora bien, dado que la estructura es heteronormada, quienes no son hombres ni mujeres heterosexuales se encontrarán siempre en el fondo del escalafón, particularmente quienes no encajan en estas categorías binarias. Vale la pena repasar entonces las implicaciones que tiene el patriarcado para los temas de diversidad.

Lo normal, lo natural y lo bueno: ¿qué es la diversidad de género?

Establecimos entonces que *a)* el feminismo es el fundamento de las discusiones de género, y que hoy también cuestiona lo que significa ser hombre o ser mujer; *b)* el género es socialmente construido y por lo tanto las diferencias en este sentido deben discutirse desde la sociedad, no desde la naturaleza; y *c)* la construcción histórica de los roles de género ha tenido como consecuencia la implantación de una estructura en donde predomina la masculinidad hegemónica ante otras formas de masculinidad y feminidad. Lo anterior nos ayudó en la comprensión de las desigualdades sociales y las violencias, sobre todo cuando se resiste al sistema patriarcal. Éstas también operan para quienes por definición no cumplen con las expectativas de la heterosexualidad o para quienes quedan fuera del esquema binario masculino/femenino.

Antes de analizar con perspectiva de género el tema tan complejo de la diversidad, hagamos una pausa para revisar las etiquetas del sentido común que se usan al identificar o identificarse cuando se discute al respecto. Es importante señalar que éstas tienen siempre que ser cuestionadas y problematizadas. Recordemos que al ser empleadas en la interacción social y en el discurso, se convierten en elementos de la identidad. Así pues, tienen implicaciones tanto en la vida de las personas como en la reproducción del patriarcado. Todas estas fórmulas combinan una categoría de género o una alusión al género con una de sexualidad. Así de rígidas se pueden ver claramente en la siguiente tabla. La heterosexualidad, que es la atracción al sexo opuesto, se incluye para efectos explicativos. Pero, al ser la norma, no actúa como un identificador de sentido común, es decir, se da por sentado que toda persona es heterosexual a menos que se manifieste lo contrario. Quienes son sujetos a identificación son quienes pertenecen al llamado espectro LGBTQI+.

Etiquetas patriarcales sobre la sexualidad

CIS	Género	Orientación/Preferencia sexual
	Mujer	Heterosexual: atracción a hombres
		Homosexual: atracción a mujeres: Lesbiana
		Bisexual: atracción a hombres o mujeres
	Hombre	Heterosexual: atracción a mujeres
		Homosexual: atracción a hombres: Gay
		Bisexual: atracción a hombres o mujeres

Trans { Género Sexual Vesti   Queer   Intersexual   +

Elaboración propia

Lesbiana es aquella mujer a quien le atraen las mujeres; **G**ay es un hombre a quien le atraen otros hombres; una persona **B**isexual puede sentir atracción hacia cualquiera de los dos. **T**rans solía abarcar tres T. Primero, transgénero, quien nace como mujer, pero decide vivir su vida como hombre, y viceversa: en el vestir, en el actuar, en general en su rol social. Transexual, quien además de vivir su vida, altera sus características sexuales ya sea mediante una operación (ponerse o quitarse senos o pene) o a través del uso de hormonas. Travesti, alguien que ocasionalmente se viste de hombre o de mujer siendo del género opuesto. Sin embargo, el activismo trans nos ha pedido que no hagamos esta distinción pues consideran trans a toda persona que así se asume. Es decir, no tienes que inyectarte y operarte, no hay diferencia si te vistes una vez o todo el tiempo; simplemente si te asumes trans eres trans. De tal forma que ahora la T es sólo una para todas las personas.

La **Q** es más difícil de entender para quienes necesitamos fórmulas claras, porque la palabra *queer* en inglés significa 'extraño'. Esta identidad surge contra la noción misma de etiquetar; son personas que no quieren ser encasilladas en una categoría y que incluso las cuestionan filosóficamente. Así que una persona *queer* escapa y se resiste a la categorización. **I** significa intersexual, aquellas personas que nacen con genitales masculinos y femeninos. En el pasado, se les llamaba hermafroditas y se consideraba una enfermedad. De tal forma, en cuanto nacían los bebés, los doctores decidían su sexo, ya fuera después de un análisis de los cromosomas XY, que determinan la genitalidad y los caracteres biológicos, o tomando la mejor decisión posible en vista de las circunstancias —con toda la vaguedad que esto implica.

Hace aproximadamente una década, surgió un movimiento reivindicando la identidad intersexual, sobre todo considerando a algunas personas que fueron operadas de bebés y se dieron cuenta de que los adultos habían cometido un error. Así, se inició una campaña para despatologizar el hermafroditismo. Si bien es cierto que en caso de riesgo médico no hay más remedio que operar, también lo es que esto no sucede siempre. La comunidad se ha organizado para cambiar el lenguaje y alejarse de la noción de enfermedad, y ha solicitado que en lugar de hermafroditas se etiquete a estas personas como intersexuales; ellas mismas hacen uso de esta denominación.

Tanto la categoría trans —que denota atravesar o ir más allá— como las demás que vienen después de la **T** escapan a la definición binaria de hombre/mujer, por eso se les llama "personas no binarias". También desde la comunidad trans, se adoptó la etiqueta **cis**, que significa 'del lado de acá'. Esto para referir a las personas que viven en una identidad binaria y se sienten cómodas. Es decir, una mujer lesbiana es una mujer cisgénero porque es mujer y está contenta con estar de ese lado de las categorías binarias. Mientras que un hombre queda del otro lado. Las mujeres y hombres heterosexuales también se ubican en la misma categoría cis (femenino/masculino). Finalmente, el + significa que el espectro de la diversidad sexual es muy amplio y que seguirán surgiendo nuevas manifestaciones o combinaciones de la sexualidad y la identidad.

Este tema se ha prestado históricamente a la controversia. Por un lado, atiende a la sexualidad, que, como hemos discutido, es objeto de reglas de género muy específicas y además es un claro tabú. Por otro, cuestiona las categorías esencialistas del patriarcado como lo masculino, lo femenino y el orden heteronormado. En el fondo, es un tema existencial: quiénes somos, cómo nos identificamos, cómo nos identifican. Estas preguntas se relacionan intrínsecamente con nuestra identidad.

La identidad y las limitaciones del lenguaje
(o del lenguaje incluyente)

La identidad es un tema de estudio de larga tradición en las humanidades y las ciencias sociales, el cual también ha sido abordado desde muchos ángulos por el feminismo. Sin embargo, en este texto sólo discutiré aquellos aspectos relevantes para entender las categorías de género que nos atrapan, así como los estereotipos que nos rodean. Trataré de profundizar en ellos de manera práctica, sin trivializar el tema.

A grandes rasgos, podemos plantear tres dimensiones de la identidad. La primera es subjetiva, tiene que ver con cómo me defino a mí misma, desde mi experiencia de vida, pasando por mis emociones y aspectos psíquicos que incluyen procesos inconscientes. La segunda implica decirle al mundo quién soy y, por lo tanto, conlleva siempre una negociación social. Es decir, si yo digo: "Soy Mariana", y los demás me ven como mujer, pues ya está. Pero si digo: "Soy Mariana", y no me ven como mujer, hay un problema y me harán más preguntas. Este "me ven" surge del sentido común, el cual se deriva de la estructura social (patriarcal). Así, se espera que Mariana tenga la voz fina, el cabello largo o un corte de cabello femenino, la ropa del género, etcétera.

Es decir, hay acuerdos tácitos en donde aceptamos la identidad de los demás; son múltiples y los hacemos de manera cotidiana cada vez que nos presentamos o nos presentan a alguien, aunque no nos percatemos de ello. Sin embargo, estas convenciones saltan a la vista en los momentos en que algunas personas no cumplen ciertas expectativas contenidas en el imaginario colectivo. Cuando hay racismo, por ejemplo, en el mundo laboral, un hombre indígena no puede presentarse como el jefe de un grupo de hombres blancos así como así. Tiene que vestirse y verse de cierta forma, tener ciertas credenciales demostradas. Si fuera a la inversa —un jefe blanco en un grupo de hombres indígenas— probablemente no se le cuestionaría, porque todo mundo lo (pre)supone así. De igual forma, en una estructura heteronormada-binaria-cis, quien no se acopla a lo que se espera que sea la imagen o la forma de actuar de un hombre o una mujer tiene que dar explicaciones sobre su existencia la mayor parte del tiempo.

Por último, la identidad se relaciona con el acceso a derechos. Recordemos que cuando una persona nace, su nombre se registra en un acta de nacimiento que le asigna una categoría sexo-genérica específica, la cual se mantiene posteriormente en todos los documentos que ratifican las etapas de su vida, desde los diplomas de la escuela hasta el certificado de matrimonio, y también después de su muerte en el acta de defunción.

Estas tres dimensiones de la identidad —subjetiva, social y legal— en la práctica no pueden separarse. Yo sé quién soy porque los demás me lo reafirman y el Estado me reconoce como miembro de una comunidad política. El problema surge cuando hay una disonancia entre ellas, como es el caso de las personas trans, a quienes se les asigna una categoría sexo-genérica al nacer que no corresponde con su subjetividad y quienes no encajan en las expectivas patriarcales del género. Esta situación no es nueva en la historia; lo que sí es nuevo es que hoy las democracias modernas han generado las condiciones para que estas nuevas identidades se manifiesten y no se resignen a vivir una vida que no es la que desean.

Lo anterior a veces se traduce en discusiones generalizadas, muy poco productivas, acerca de si las personas trans "son o no son quienes dicen ser". Es decir, ¿son las mujeres trans mujeres o los hombres trans hombres? ¿Quién debe determinarlo: ellas mismas, el psiquiatra, el juez? Estas preguntas no resuelven el problema de fondo. Las identidades trans y no binarias presentan un dilema, pero no en términos de su "credibilidad", sino en términos de cómo asegurar que sean tratadas dignamente. Esto implica garantizarles el reconocimiento social, así como su inclusión en un sistema legal hasta ahora construido con categorías binarias. Estamos de acuerdo en que todo el mundo tiene derecho a ser tratado sin discriminación y a tener una presonalidad jurídica (plasmamos estos principios en la Declaración Universal de los Derechos Humanos, después del horror del Holocausto). Pero el reclamo de estas identidades nos obliga a un cuestionamiento más profundo de todas nuestras categorías sexo-genéricas, y de cómo permean nuestras instituciones, desde el registro civil hasta el sistema penal.

Más aún, para poder aproximarnos a un diálogo en este sentido, necesitamos incluso replantear nuestro lenguaje. Para el caso del idioma español, el binarismo hace muy difícil nombrar a las personas no binarias. Nuestros artículos y pronombres como "el" y "la" están generizados y remiten a lo masculino y lo femenino. Lo mismo pasa con la mayoría de nuestras palabras, tales como "bienvenidos" y "bienvenidas".

Por ello, los movimientos sociales que luchan por la inclusión han cuestionado estas reglas, experimentando con formas neutras, como por ejemplo el uso de la "e", la "x" o la arroba. Así, se dice "bienvenides" y se escribe también "bienvenidxs" o "bienvenid@s". Estas propuestas se engloban en lo que hoy se ha denominado "lenguaje incluyente", el cual ha sucitado muchos debates que entran también en la categoría de ociosos, desde mi punto de vista.

Se argumenta, por ejemplo, que el lenguaje incluyente es incorrecto de acuerdo con las reglas de la Real Academia Española (RAE). Lo anterior me sorprende, sobre todo en México y el resto de América Latina, donde nuestros países se independizaron de España y Portugal a mediados del siglo XIX. Hoy nadie obedece las disposiciones del *establishment* ibérico. Además, pocas veces nos preocupan las reglas del lenguaje y sabemos muy poco acerca de ellas. Cuando hablamos, no nos preguntamos si es correcto el uso de palabras y modismos que no están en el diccionario como "eso está chido", o anglicismos como *cool*, *lol*, etcétera. Incluso, le cambiamos libremente el sentido a las palabras todo el tiempo, cuando decimos "está padre" o "está con madre". Me ha tocado conversar con personas que defienden apasionadamente el uso tradicional de los pronombres, pero escriben con terribles faltas de ortografía y no saben puntuar correctamente. Por lo tanto, es evidente que la controversia no está relacionada con la lingüística, sino con las posibilidades de subvertir el sistema patriarcal a través de las categorías binarias de masculino y femenino. No se trata entonces de discutir si hay formas de reglamentar el lenguaje incluyente para hacerlo embonar con la RAE, lo cual en sí mismo es un contrasentido porque la intención es resistirla, sino que va mucho más allá. Lo que parece un tema casi superficial acerca del uso de las palabras en realidad es una fuerte sacudida a las nociones de lo que significa nuestro estar en el mundo.

Por lo menos valdría la pena conversar sobre si estos símbolos (e, x, @) son la mejor estrategia para lograr la inclusión de quienes no pueden ser nombradxs desde las estructuras. Esto nos llevaría a plantear incluso más preguntas en torno a quiénes son las autoridades del lenguaje, dónde están, cómo se eligen y cómo toman las decisiones. Por ejemplo, en el caso de la RAE, sigue estando en territorio europeo (aunque la mayoría de los hablantes de la lengua están en América Latina), se nombran a sí mismos y no quedan claros sus procesos de toma de decisiones. Además, el lenguaje tiene muchas reglas que no cuestionamos y que reproducen la desigualdad de género. Una muy sencilla es que hoy por hoy, el masculino sigue siendo universal, mientras que el femenino sólo designa a las mujeres. ¿Por qué? Son preguntas que replantean nuestras propias formas de construir la subjetividad, la socialidad y la legalidad, y que proponen una concepción del mundo que puede ser difícil de comprender. Estas conversaciones valen la pena porque nos ayudan a pensar en los paraqués y las razones de las reglas, dado que nadie las respeta al pie de la letra en la vida cotidiana, ni al hablar ni al escribir —basta revisar las manifestaciones textuales en las plataformas digitales como WhatsApp y Twitter.

Ahora bien, volviendo al tema de la identidad y la sexualidad, ambas están relacionadas, pero no son la misma cosa. La sexualidad tiene que ver con quién queremos tener sexo (la práctica sexual). Se le llama "orientación" cuando se asume que se determina ya sea por factores biológicos (principalmente hormonales) o por factores sociales, los cuales se manifiestan en cierta predisposición psicológica para la atracción sexual. Se le llama "preferencia" cuando aceptamos que cada quien simplemente puede escoger con quién tiene relaciones sexuales, y punto. Es decir, así como a una mujer le gustan los hombres altos y güeros o chaparros y güeros o morenos y altos, también le pueden gustar las mujeres. Por supuesto, ante el tabú de la sexualidad, que las personas escojan libremente causa mucha bulla.

Generalmente, la identidad y la sexualidad se mezclan. Es decir, yo les digo a los demás —ya sea explícita o implícitamente— que soy heterosexual o LGBTQI+, por lo tanto asumo una identidad sexual. Sin embargo, ésta puede o no coincidir con mis prácticas sexuales. Es decir, hay hombres y mujeres que tienen relaciones con personas de su mismo sexo (ésta sería la práctica sexual, la preferencia o la orientación) pero no se asumen como gays o lesbianas dado que públicamente tienen parejas/cónyuges del sexo opuesto y viven su vida como heterosexuales (ésta sería su identidad sexual).

También me puedo presentar como masculina o femenina, y ésta será mi identidad de género. Las combinaciones son complejas: puedo ser una mujer trans a la que le atraigan las mujeres. Aquí mi identidad de género sería mayormente mujer trans, pero mi identidad sexual podría etiquetarse como lesbiana, dado que soy una mujer a la que le atraen otras mujeres. También pueden surgir categorías nuevas. Por ejemplo, personas a las que no les importa el sexo o la identidad para definir sus atracciones, o sea, pansexuales. Hay quienes se asumen sin deseo sexual: asexuales; etcétera. Todo esto tiene mucho que ver con quién quiero ser y cómo me presento ante los demás. En el fondo, se trata del poder para vivir la vida que quiero, una prerrogativa difícil de ejercer para quienes resisten la estructura patriarcal heteronormada.

Por otro lado, es desde el poder sobre los demás que las etiquetas se han asignado históricamente. En el caso de la sexualidad, éstas provienen sobre todo de las instituciones médicas y científicas asociadas con la salud pública. Si las analizamos con perspectiva de género, es evidente que no han sido ni son ajenas a la estructura patriarcal. Como se planteó de inicio, el conocimiento históricamente también forma parte del espacio de lo masculino. Los primeros que tuvieron el derecho a la escritura y a la lectura fueron hombres religiosos, monjes. Recordemos la hermosa novela (hecha película y serie) de Umberto Eco, *El nombre de la rosa*, cuya trama gira en torno a una orden monástica donde los escribas tenían un rol fundamental y la biblioteca era un lugar exclusivo para aquellos dignos de acceder al saber.

Las universidades aceptaron mujeres como académicas e investigadoras en números importantes hace apenas unas décadas. Aún hay desigualdades en este sentido en las ingenierías y en el mismo estudio de la medicina. No es entonces casualidad que muchos patrones de conducta resistentes a las estructuras patriarcales fueran patologizados. Esto sigue ocurriendo, aunque ya hay contradiscursos interesantes que hacen de la relación entre sexualidad y ciencia una problemática, por no decir tormentosa, como se mostrará a continuación.

LAS AMBIVALENCIAS DEL DISCURSO CIENTÍFICO

Rara vez nos cuestionamos cuándo una enfermedad se convierte en tal; cuáles son los criterios para decir que esto es gripe, esto es cáncer, etcétera. Sin embargo, la construcción médica de una enfermedad a partir de síntomas es un tema complejo con profundas implicaciones políticas y económicas. Pensemos, por ejemplo, en los niveles aceptables de colesterol y cómo un cambio de un par de miligramos en el rango óptimo significa millones de dólares en medicamentos y atención médica. En el caso de la salud mental, al ser ésta un tema de estilo de vida, más que algo evidentemente corporal, las controversias son aún más álgidas.

Por ejemplo, el uso de medicamentos en menores de edad para tratar el déficit de atención ha sido objeto de muchas discusiones no sólo sobre la infancia, sino sobre la tolerancia que tienen el sistema educativo y la familia ante los niños inquietos.

Baste por ahora con afirmar que quienes toman las decisiones sobre qué es un malestar y qué no son personas en puestos de poder y, por lo tanto, mayormente hombres blancos heterosexuales (representantes de la masculinidad hegemónica). Pensemos en los íconos de la medicina como Galeno, Pasteur, o en psiquiatras como Freud o Lacan. Esto tiene consecuencias para otras masculinidades y para las mujeres, porque históricamente hay una tendencia a medicalizar a quienes ocupan posiciones subordinadas o resistentes. Por ejemplo, a finales del siglo XIX, las personas negras eran consideradas inferiores intelectualmente, y se concebían con una sexualidad exagerada. Evidencias que iban desde la medición de cráneos hasta la observación de patrones sexuales eran publicadas en revistas científicas prestigiadas.

En la misma época, otro ejemplo interesante y bien documentado de los procesos de patologización de la resistencia es el de las mujeres inconformes con su rol doméstico, quienes eran diagnosticadas como histéricas en la Inglaterra victoriana. La palabra "histeria" viene del griego, significa 'útero', y los síntomas iban desde la renuencia ante la autoridad del esposo, la insatisfacción con el rol de madre o el exceso de actividad sexual hasta la languidez. La historia de la medicina nos ha mostrado que esta enfermedad era en realidad una medida de control para asegurar la institución del matrimonio heterosexual en esa época y sus valores conservadores. Miles de mujeres terminaron en tratamientos que iban desde aplicarles mercurio en el útero hasta encerrarlas en cuartos oscuros. De esta forma, la institución médica y la comunidad científica, si bien han logrado avances excepcionales, también son un instrumento de control social. Lo que el filósofo Michel Foucault ha llamado "biopoder" (o poder de vida).

Además, se reproducen prácticas discriminatorias. Probablemente el ejemplo más dramático sea el de la homofobia y sus terribles repercusiones en la diseminación de la epidemia del virus de inmunodeficiencia humana (VIH). Así que vale la pena repasar el caso para denotar algunos elementos concretos que ilustren la importancia de la perspectiva de género en el esclarecimiento de problemas sociales y en la toma de decisiones. El primer paciente que se diagnosticó con

VIH fue un hombre gay. Desde aquí se puede plantear ya una dimensión de poder que ha sido estudiada en la sociología médica.

Cuando se construyen síntomas para hacer diagnósticos nuevos, dado el estigma de algunas enfermedades, éstas se les adjudican de primera instancia a personas en condiciones subordinadas, ya sea por su estatus socioeconómico, racial o de género. Por ejemplo, ser diagnosticado con una enfermedad de transmisión sexual es un tema tabú y delicado, no es casualidad que se haya diagnosticado primero en un hombre en condición vulnerable precisamente por el ejercicio de esta sexualidad. Es interesante que, si bien no se sabe al día de hoy de manera cierta el origen del VIH, las explicaciones más populares al respecto tienen que ver con lugares remotos y precarios, desde el punto de vista de la cultura dominante en Occidente. Se habló de África, de experimentos clandestinos en cárceles, de hombres que tenían relaciones sexuales con chimpancés, etcétera. Es decir, la noción de que hay "un mal" en la enfermedad y que éste viene de fuera o de algún "otro" extraño es de por sí ya un discurso discriminatorio.

Por otro lado, las nociones básicas de epidemiología nos indican que la primera pregunta ante un virus para poder rastrear la cadena de contagio es "¿Con quién has estado en contacto?" Aplica para las enfermedades de transmisión sexual como para la influenza, el covid-19 o cualquier otra. Obviamente, al reconstruir la red de encuentros de este sujeto, sus doctores se dieron cuenta de que eran otros hombres gay. Como resultado, en muchos sectores sociales, incluyendo algunos influyentes en la comunidad médica y la salud pública, se llegó a la conclusión de que ésta era una enfermedad asociada a la homosexualidad masculina. Se sumó al hecho de que la homosexualidad seguía siendo considerada una aberración y un tabú. Hubo quienes la proclamaron el castigo de Dios para los "sodomitas". De tal forma que la respuesta inicial a la epidemia fue el silencio y la desestimación de la urgencia.

Efectivamente, el virus de VIH se transmite por el intercambio directo de flujos corporales con la sangre (como el semen o la saliva). Esto sucede comúnmente a través de la penetración sexual, particularmente la anal, una práctica común entre hombres gay. Lo anterior los convierte en población vulnerable. Sin embargo, ésta es una práctica también entre parejas heterosexuales, en las cuales además hay regularmente penetración vaginal. Asimismo, tal como se explicó anteriormente, hay hombres heterosexuales que tienen relaciones con otros hombres. De esto ya había evidencia: por ejemplo, los estudios de Alfred Kinsey en Estados Unidos, en donde se dio a conocer la enfermedad. Sin embargo, al ser hombres gay los primeros diagnosticados, señalados y estigmatizados fueron quienes también se organizaron para demandar un tratamiento, así como programas de prevención. Como resultado, fueron los primeros en recibirlo y los primeros también en disminuir su tasa de infección.

Posteriormente, la salud pública y los organismos internacionales se enfocaron en las trabajadoras sexuales. Una vez más, no deja de ser machista el hecho de que, en primera instancia, se piense en ellas cuando se conciben mujeres sexualmente activas. Aunque sí, por su ocupación están en riesgo, no hay otra razón más que el machismo para adjudicarles el contagio, dado que los clientes son igualmente responsables. Por supuesto, todas aquellas mujeres casadas o que son pareja de quienes solicitan servicios sexuales corren el mismo peligro. Sin embargo, es más fácil aproximarse a quienes la sociedad ya ha construido como objeto sexual y exigirles ser responsables de su cuerpo y del de los demás. Finalmente, vale la pena recordar que la forma más segura de evitar la infección es el uso del condón (aparte de la abstinencia que, evidentemente, no es una práctica frecuente).

Hoy en día existen grupos conservadores que han protestado y solicitado que se interrumpan las campañas de uso de preservativos porque, alegan, éstas "promueven el sexo", pero en realidad lo que se anuncia es el anticonceptivo. Por otro lado, se podría argumentar que promover el sexo responsable y autónomo es parte de la solución si pensamos en una sociedad libre e igualitaria. En general, la respuesta social al VIH muestra con seguridad que la pandemia de hoy es —en parte— el resultado de la combinación entre machismo, tabús y homofobia.

La medicalización sistemática de las poblaciones subordinadas, aunada a los prejuicios relacionados con el patriarcado descritos anteriormente, ha tenido principalmente dos resultados. Primero, se han reproducido discursos negativos sin lógica (me refiero a la lógica formal: involucran premisas que no se sostienen) en los cuales se asocia lo heterosexual con lo normal, lo natural y lo bueno. Segundo, el discurso médico sigue jugando un rol ambivalente en distintos niveles, incluso cuando ha buscado justificar de manera positiva la diversidad sexual desde la biología.

El primer tema se relaciona con el mal uso de la palabra "normal", la cual tiene dos significados. Uno es estadístico: la curva normal es aquella que abarca la mayoría de la población, mientras que los casos fuera de ella son excepcionales o anormales. En este sentido, es tan anormal Einstein como el famoso asesino en serie Jack el Destripador. El otro tiene que ver con lo normado. Dado que la sexualidad se ha establecido como regla patriarcal, las leyes siguen favoreciendo la estructura de género binaria hombre/mujer y los derechos de la población heterosexual. Algunos casos concretos son el derecho al matrimonio, así como las regulaciones de reproducción asistida o de adopción. En algunos países, la homosexualidad es considerada un crimen penalizado con cárcel o muerte. Si bien ninguna de estas dos acepciones de la palabra "normal" tiene que ver con una discusión moral de lo bueno y lo malo, en los discursos de rechazo a la homosexualidad se asume que, al ser anormal, ésta es necesariamente mala.

El segundo tema es concebir la homosexualidad como antinatural. Un biólogo llamado Bruce Bagemihl —imagino que cansado de escuchar estas premisas sin evidencia— fue de los primeros en dedicarse a fotografiar animales del mismo sexo en postura de cópula.

Mostró que la naturaleza también es diversa en este sentido y que el análisis social solía ignorar mucho de biología (hoy existen amplios estudios en esta línea). Sin embargo, como ya se argumentó, es importante recordar que lo social tiene que explicarse desde lo social. Por lo tanto, más bien pensemos en que —al igual que lo normal— lo natural no es necesariamente bueno ni malo. No hay nada más antinatural que un antibiótico, y, sin embargo, es bueno para nosotros (nos puede salvar la vida); ni nada más lejos de nuestra concepción de naturaleza que un celular, y hoy es prácticamente considerado un artículo de primera necesidad. Al contrario, no hay nada más natural que un huracán, y éste destruye ciudades enteras. Por otra parte, muchas plantas son venenosas. ¿Quién no conoce a alguien que haya tomado un té o un remedio "natural" con peligrosos efectos secundarios?

Esta idea de que lo anormal y lo antinatural son cosas malas o condenables no viene de un razonamiento lógico, sino de creencias morales, muchas veces asociadas con valores religiosos. Esto forma un triángulo de patologización que une artificialmente las nociones de normal, natural y bueno. Sin embargo, no existe forma de justificar esta relación más que desde los estereotipos rígidos del patriarcado, mismos que han construido los "mitos de la heterosexualidad", adjudicándole todo lo natural, lo bueno, el modelo único para perpetuar la especie, la superioridad moral y hasta el mandato de Dios.

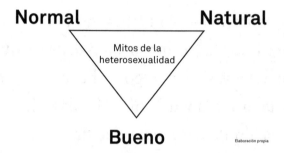

El triángulo de la patologización patriarcal

Normal

Natural

Mitos de la
heterosexualidad

Bueno

Elaboración propia

Aquí un punto de cautela: evidentemente, la espiritualidad es una cosa y la religión implica algún grado de institucionalización de la misma. Por supuesto el debate teológico es mucho más amplio, pero éste es un punto de partida básico en el cual los más expertos estarán de acuerdo. No es casualidad que la mayoría de los sacerdotes, pastores e imames sean hombres. Igualmente, los textos sagrados se escribieron en épocas donde la mujer no tenía acceso a la escritura. Por lo tanto, las instituciones religiosas, al ser productos históricos, tampoco escapan al patriarcado. No obstante, como todas las organizaciones, éstas no son estáticas. El ejemplo más citado sobre el dinamismo de las Iglesias se relaciona con la Santa Inquisición en el catolicismo o con la quema de brujas en el puritanismo. Hoy sabemos que ambas fueron costumbres aberrantes productos de cierta época. Dudo que un católico o puritano quisiera revivirlas en el presente.

Además de estos cambios, hay de posturas a posturas al interior de todas las religiones. Éstas no son homogéneas. Siguiendo con los mismos ejemplos, el puritanismo es una forma de cristianismo muy distinta al calvinismo. Al interior de la Iglesia católica no es lo mismo ser jesuita que ser marista o miembro del Opus Dei. A pesar de ello, los discursos religiosos más fuertes en el tema de la diversidad sexual se pliegan a una interpretación de la condena divina de la sexualidad fuera de la reproducción. En este sentido, son de una homofobia pavorosa. Afortunadamente, mientras siga la separación entre Iglesia y Estado, reconocer que los discursos religiosos no se deben imponer como ley es un deber ciudadano.

Por otro lado, en el caso del estudio de la diversidad desde la ciencia, se han ofrecido múltiples evidencias que buscan avalar la diversidad sexual como algo inherente a nuestra biología, nuestras hormonas, nuestra genética. Notables han sido los esfuerzos por identificar los genes que determinan la homosexualidad. También hay investigación médica sobre las conexiones neuronales de mujeres cis y mujeres trans. Ésta muestra que, ante preguntas y estímulos emocionales, el cerebro de ambas responde exactamente igual. La pregunta fundamental que debemos plantear aquí es ¿y luego? ¿Esto debe ser evidencia para aceptar la diversidad? Es decir, si tenemos un gen que determina nuestra sexualidad, entonces ¿se justifica que se acepte socialmente? Si no lo tenemos y simplemente elegimos acostarnos con alguien del mismo género, ¿debemos ser rechazados? Si una mujer trans quiere someterse a un tratamiento hormonal y su cerebro no actúa igual al de una mujer cis, ¿debe negársele el tratamiento?

Proteger con ciencia los derechos humanos nos lleva peligrosamente a repetir las prácticas que justificaron hace años exactamente lo contrario —la histeria y el racismo son dos ejemplos que hemos mencionado y que han sido bien estudiados.[5] Más bien se podría argumentar que se trata de libertades individuales y del ejercicio no sólo de la sexualidad, sino también del amor y de la forma de vida. Una discusión política so-

[5] Ver por ejemplo el texto recomendado de Barbara Ehrenreich y Deirdre English, así como el de Stephen J. Gould, en la bibliografía.

bre estos principios de convivencia sería más útil que un experimento de laboratorio.

En otras palabras, encontrar el gen del cáncer de mama es esencial para prevenirlo, pero encontrar el gen de la homosexualidad no parece una buena inversión. ¿Para qué nos sirve? ¿Para prevenirla o para aceptarla? Cualquiera de las dos respuestas no provendrá de la genética, sino de la reflexión sobre el tipo de sociedad que queremos. Para hacer un símil, tener el gen de la violencia (que también ha sido estudiado) no nos hace ni criminales ni dignos de cárcel o de tratamiento. La discusión necesariamente tiene que pasar por otro lado.

Con las explicaciones psicológicas ha sucedido algo similar. Si la homosexualidad es el resultado de un padre ausente o una madre dominante o del abuso sexual en la infancia, da exactamente lo mismo para decidir cómo aproximarnos socialmente a ella. Por el contrario, el hecho de que se asocie la homosexualidad con factores negativos (aunque esto ha sido cuestionado) hace parecer que ningún niño feliz podría ser gay, lesbiana o trans.

Por eso, cuando hablamos de orientación sexual, estamos haciendo referencia a estos discursos médicos que nos indican que hay algo más allá de nosotros que determina nuestras atracciones. Usualmente quien hace uso de la palabra "orientación" tiene una cadena de pensamiento que termina en "Pobrecitos, aceptémosles, no tienen la culpa". En contraste, hablar de "preferencia sexual" abre la puerta a la libertad de decidir quién nos seduce y de quién nos enamoramos. También nos deja decidir si somos hombres o mujeres de acuerdo con las etiquetas que se nos asignan y qué tipo de hombres, mujeres u otra identidad queremos ser. Esto escandaliza porque son "demasiadas libertades", pero, en el fondo, asumirlas nos rescataría de muchas frustraciones. También vale la discusión sobre cuándo y cómo debemos ejercer este derecho a decidir quiénes somos, lo cual es un buen ejemplo de un debate productivo sobre género.

Vale la pena puntualizar que cuando hablamos de homofobia, ésta también a veces es invisibilizada por el sentido común. Por ejemplo, se define como "el odio a los homosexuales" de tal forma que se asocia con agresiones directas como insultos o asesinatos. Sin embargo, la homofobia va más allá; consiste en considerar que la heterosexualidad es la única forma legítima de existencia, invalidando las demás. De manera similar, la transfobia es pensar que todo el mundo es cisgénero. Esta negación es muy grave, porque, al no reconocer estas identidades, se les excluye de la vida social y de sus derechos en muchos sentidos. Como consecuencia, las personas LGBTQI+ tienen menos oportunidades para decidir cómo quieren vivir su vida.

Por ejemplo, se discrimina con frases comunes como "Acepto que sean así, pero que lo hagan en privado", "¿Por qué tienen que decirle a la gente que son homosexuales?" o "Pues aunque me digas que eres María yo te voy a decir Mario porque ése es tu nombre legal, pero no tengo nada contra ti por ser trans". Si estos (pre)supuestos son el punto de partida, entonces las personas LGBTQI+ no pueden caminar con su pareja tomadas de la mano por la calle, algo tan cotidiano para las personas heterosexuales que viven una relación romántica. También les obliga a vivir una doble vida, en donde sus afectos y emociones tienen que estar escondidos porque la gente no los quiere ver o escuchar (a esto coloquialmente le llamamos guardar la personalidad en el clóset). Finalmente, se les niega a las personas trans el derecho a nombrarse a sí mismas. Es como si me dijeran en el salón de clases: "Tú dices que te llamas Mariana, muéstrame un documento". A ninguna persona cis se le pide identificación oficial para saber cómo nombrarla, a menos que sea para realizar un trámite. De hecho, la mayoría de nosotras probablemente conozcamos a una persona con identidad binaria o cisgénero que se ha cambiado el nombre en la vida cotidiana, pero no en sus documentos, por la dificultad del proceso, y no nos hemos dado cuenta. Por ejemplo, tengo una amiga a la que conocemos como Ana, pero en su acta de nacimiento está registrada como Alicia. Es importante entonces conversar sobre las distintas formas de homofobia y transfobia que permean nuestras actitudes y decisiones, así como pensar en cuáles son sus consecuencias.

Además de la imposición de la heteronorma, otro impacto dramático del patriarcado en nuestra sociedad es la prevalencia y la tendencia en el aumento de la violencia de género, la cual va desde los chistes misóginos hasta el asesinato. Este último ha sido tipificado en los sistemas penales de varios países con la figura del feminicidio. Las estadísticas son tremendas. A nivel mundial 1 de cada 3 mujeres ha sufrido algún tipo de violencia de género; en México 6 de cada 10 han sufrido esta violencia, 4 han sufrido violencia sexual. En 44 por ciento de los casos el agresor es la pareja y10 de nosotras morimos cada día.[6]

---

[6] Las cifras son dinámicas; desgraciadamente van en aumento. Se recomienda consultar los sitios de ONU Mujeres e Inegi, enlista-

Considerando que el derecho a la vida digna es el pilar de nuestras sociedades, la base de los derechos humanos, parece mentira que a las mujeres nos estén tratando los hombres de esta manera y no pase nada. El problema es tan grave y tan generalizado que Naciones Unidas ha tomado cartas en el asunto. Estamos ante una crisis global de agresiones en contra de la mitad de la humanidad. ¿Cómo podemos explicarlo? Obviamente no todos los hombres son agresores, pero sí es cierto que hemos demostrado hasta el momento que los mandatos del patriarcado son iguales para todos, y éstos son violentos. Esto se discutirá en la siguiente sección.

dos en la bibliografía recomendada, para obtener los datos más recientes.

La violencia de género:
¿de dónde viene y hasta dónde llega la intimidación?

La violencia de género se define de manera general como un daño que puede ser físico, psicológico o moral por razón de género. Dada esta enunciación, constituye sólo aquella que —como he ilustrado— encasilla a mujeres y hombres en estereotipos específicos. Es decir, perpetúa el sistema patriarcal más allá de la dignidad, la autodeterminación y el derecho al desarrollo de las personas. La podemos encontrar en muchas formas y en todas partes. Las secciones anteriores exploraron algunos casos como el de la pareja que sale a pasear o el de los hombres que se quedan en casa y las mujeres que trabajan, en donde la violencia se ejerce desde el lenguaje y las actitudes. Sin embargo, para poder comprender a fondo todas sus manifestaciones, se necesita llevar a cabo un análisis más sistemático.

Para ilustrar los distintos niveles de la violencia, la Dra. Martha Alicia Tronco Rosas desarrolló, en el Instituto Politécnico Nacional, el violentómetro que se muestra a continuación. Éste es un instrumento gráfico de sensibilización, diseñado para alertar a las mujeres que pudieran estar involucradas en relaciones violentas.[7] Porque sabemos que la violencia escala: antes de ser asesinadas o de sufrir el tipo de agresiones que se muestra en la parte inferior en tonos más obscuros, las mujeres son víctimas de aquellas enlistadas en la parte superior. Esta figura muestra cómo la misma sociedad que se burla de la mujer es la que la mata. Por lo tanto, tenemos que combatir la violencia desde el inicio para evitar que ésta incremente. También es útil entender estos fenómenos como violencias, es decir, no hay una sola o un solo tipo, sino que se ejercen varias de distintas formas. Es importante aclarar que el violentómetro no trata de clasificar la gravedad de las agresiones o de mostrar que unas son menos importantes que otras. Sencillamente se categorizan de acuerdo con el efecto de cada una de ellas en el cuerpo, empezando por lo psicológico y terminando en daños físicos que pueden dar lugar al asesinato. Cuanto más alto el número de la derecha, existe más probabilidad de estar en peligro de muerte.

---

[7] El violentómetro está disponible para su reproducción de manera gratuita en https://www.ipn.mx/genero/materialesdeapoyo/violentometro.html.

Instituto Politécnico Nacional
Unidad Politécnica de Gestión
con Perspectiva de Género
www.genero.ipn.mx

VIOLENTÓMETRO
...Sí, la **violencia** también se mide

Reg. No. 03-2009-120211370800-01
Reg. No. 03-2013-090610414800-01

	Escala	Valor
¡Ten cuidado! La violencia aumentará	Bromas hirientes	0–1
	Chantajear	2
	Mentir, engañar	3
	Ignorar, ley del hielo	3–4
	Celar	4
	Culpabilizar	5
	Descalificar	6
	Ridiculizar, ofender	7
	Humillar en público	8
	Intimidar, amenazar	9
¡Reacciona! No te dejes destruir	Controlar, prohibir (amistades, familiares, dinero, lugares, apariencia, actividades, celular, mails y redes sociales)	10–12
	Destruir artículos personales	13
	Manosear	14
	Caricias agresivas	15
	Golpear "jugando"	16
	Pellizcar, arañar	17
	Empujar, jalonear	18
	Cachetear	19
	Patear	20
	Encerrar, aislar	21
	Amenazar con objetos o armas	22
¡Necesitas ayuda profesional!	Amenazar de muerte	23
	Forzar una relación sexual	24
	Abuso sexual	25–26
	Violar	27
	Mutilar	28–29
	ASESINAR	30

Las bromas al inicio son particularmente problemáticas, porque cuando las mujeres nos resistimos a la burla se nos tacha de amargadas o "feminazis". Desafortunadamente, discriminarnos es aún socialmente aceptable. Por ejemplo, si alguien hace un chiste antisemita, es muy probable que éste sea visto como de mal gusto. Sin embargo, si el chiste es de naturaleza sexista o misógina, muchos y muchas se reirán y será nuestra obligación también hacerlo. Aquí vale la pena detenernos en el significado de sexista. Un comentario o actitud de esta naturaleza implica una generalización, por ejemplo: las mujeres son débiles, los hombres son fuertes. No se trata de afirmaciones buenas o malas, sino de invisibilizar la heterogeneidad y hacer un juicio para todas las personas del mismo sexo.

Por otro lado, la palabra "misoginia" viene del griego, y significa 'odio a las mujeres'; lo opuesto sería la "misandria", el odio a los hombres. Sin embargo, el uso de esta palabra, como el de la mayoría de las palabras, no está estrictamente relacionado con sus raíces etimológicas. Cuando las feministas utilizamos el concepto de "misoginia", nos referimos a la violencia que se ejerce cuando se divide a las mujeres entre buenas y malas. Esto tiene consecuencias tan graves como invisibles. Por ejemplo, cuando una mujer es violada o abusada sexualmente, es común que haya personas que pregunten (como dice el poema popularizado por la colectiva chilena Las Tesis) en dónde estaba, cómo vestía o qué hizo para provocarle. Detrás existe una clara premisa misógina: hay mujeres que por su comportamiento merecen ser violentadas y hay mujeres que no.

Este razonamiento lo encontramos de manera muy frecuente detrás de comentarios que incluso "suenan bien". Uno de los que más se repiten lo escucho de hombres que se solidarizan con las causas feministas a través de frases como "Yo apoyo el movimiento contra la violencia de género porque tengo una esposa e hijas y no quiero que les pase nada". Si analizamos el contenido discursivo de este manifiesto, que puede ser bien intencionado (no dudamos de su amor filial), encontramos una cadena lógica que se traduce en "Si la mujer es de mi familia (o de las mías), entonces merece ser protegida; si no es de mi familia, no me preocupa". Es decir, este hombre no ve a todas las mujeres como seres humanos cuyas vidas deban ser resguardadas. Lo mismo sucede con la opinión pública: ésta no reacciona igual ante las violencias sufridas por una madre que por una trabajadora sexual o por una mujer que en general no cumple con el canon patriarcal.

Tanto el sexismo como la misoginia y otras formas de violencia de género están normalizadas en el sentido definido en la sección previa: son ejercidas por la mayoría de la población y están integradas en las normas sociales. Por lo tanto, vale la pena detenernos en algunas violencias que por su recurrencia y grado de saña son preocupantes: el acoso y hostigamiento sexual, la violación y el feminicidio.

El acoso sexual se define como "aquella violencia sexual que incurra en cualquier comportamiento verbal, gestual o físico, de naturaleza o con connotación sexual y/o íntima, que tenga el propósito o produzca el efecto de atentar contra la dignidad de una persona y/o su salud física y/o psicológica, en particular cuando se genera en un entorno intimidatorio, degradante u ofensivo. El acoso sexual se presenta en una relación horizontal, en la que no existe dependencia o subordinación".[8] La noción clave en esta definición es la

---

[8] Esta definición la adoptamos en la versión inicial del Protocolo de Actuación para la Prevención y Atención de Violencia de Género, en el Tec de Monterrey, porque nos pareció la más clara. Además, con pocas variantes, es la más usada tanto en otros protocolos universitarios como en textos académicos, porque resume los puntos principales de otras legislaciones nacionales e internacionales. El documento se puede consultar en internet, https://tec.mx/es/dignidad-humana/genero-y-comunidad-segura. También, para el caso mexicano, hay mucha información al respecto en el Centro de Documentación del Instituto Nacional de las Mujeres, http://cedoc.inmujeres.gob.mx/Servicios.php.

horizontalidad: se da entre pares, entre colegas, entre estudiantes, entre amigos. El hostigamiento es el mismo tipo de violencia, pero entre personas que tienen una relación jerárquica desigual, en donde el abuso se ejerce desde la autoridad. Es decir, un jefe a un subordinado, un profesor a un estudiante, un entrenador a sus jugadores. Cuando hay penetración, estos abusos se caracterizan como violación.

Es importante recalcar que los ciclos de victimización son complejos. Dada la estructura social, a las mujeres que son agredidas se les cuestiona todo el tiempo desde premisas misóginas como las que mencioné anteriormente. En estas discusiones, se pierde de vista que nadie elige ser perjudicado por un agresor: es el agresor quien elige a la víctima, muchas veces por razones insondables. La revictimización, desafortunadamente, la practicamos todo el tiempo. Cuántas veces no le hemos contado a algún amigo que nos robaron la cartera y, al relatar las circunstancias, si éstas no son "sensatas", viene el reclamo: "Pues ¿en dónde andabas?", "¿Qué hacías en la calle?", "¿Por qué cargas todas las tarjetas de crédito?" Luego una piensa —y se recrimina— que efectivamente pudo haber hecho algo para evitar ser blanco del crimen. En fin, se nos olvida que hemos sido víctimas de un delito y nadie tiene derecho a quitarnos nada en ningún lado ni a ninguna hora; un robo es un problema social, no individual.

Cuando la revictimización se lleva a cabo en delitos relacionados con la violencia de género, los efectos son mucho más perniciosos. Atentan contra la dignidad de la sobreviviente al cuestionarle su estilo de vida y, en muchas ocasiones, impiden los procesos de justicia, así como los de recuperación. Cuando a una mujer le roban algo, simplemente tiene que ir a denunciar el atraco. Pero, si es abusada sexualmente, tiene que ofrecer pruebas. Éstas implican repetir y revivir la historia cuantas veces lo considere una autoridad del ministerio público o un juez, así como someterse a exámenes médicos sumamente invasivos en un cuerpo ya traumatizado.

Además, el consentimiento o no consentimiento a una relación sexual se considera asunto de análisis de otros, no de la víctima, lo cual es absurdo. Es como si a mí, al denunciar el allanamiento de mi casa, me preguntaran: "¿Segura que no los dejó pasar?" Aunque yo fuera amiga del ladrón y lo hubiera dejado entrar, eso no significa que lo haya invitado a robarme. La misma lógica aplica al abuso sexual: incluso si es mi novio y estamos solos en casa besándonos, si en algún momento yo quiero parar, es mi prerrogativa parar. Ni siquiera tengo que decir verbalmente que no: si intento detenerlo y no me deja, ésta es una señal de que no está respetando mi decisión ni mi libertad de irme.

Basta recordar el vergonzoso caso de La Manada, un grupo de hombres que acorralaron a una joven y abusaron de ella frente a cámaras en Pamplona, España, el 7 de julio de 2016. Al ver el video, el juez dijo que la víctima no había opuesto resistencia porque no leyó signos corporales lo suficientemente contundentes. ¿No basta el hecho de que ella haya dicho que así fue? ¿No basta el hecho de que son varios hombres y una mujer joven a todas vistas amedrentada? La respuesta usual ante estos razonamientos es "¿Y si ella está mintiendo? ¡Todo el mundo es inocente hasta que se compruebe lo contrario!" Las preguntas son válidas, pero ante ellas vale la pena cuestionar si dudamos de la misma forma de todos los que denuncian un delito. La respuesta honesta, generalizada, es no. Por supuesto que se necesita un proceso de comprobación de los hechos (no se trata de actuar ciegamente), pero éste debe ser sensible al contexto machista. Es decir, necesita perspectiva de género.

Es preciso analizar la relación de poder entre la víctima y los victimarios: en este caso ellos gozan del privilegio de la masculinidad hegemónica y de la edad. Hay que prestar atención al entorno en el cual se dio la situación (ella estaba sola y ellos eran varios) y los patrones de conducta de los involucrados (que en ningún momento muestran consideración hacia el bienestar de la mujer). Es decir, al juzgar la violencia de género, tenemos que hacernos otras preguntas porque el mecanismo social detrás de ella (el patriarcado/machismo) no es el mismo que el que está detrás de otros delitos. El caso citado es escandaloso porque hay evidencia de la violación en forma de video, y un juez sencillamente decidió, con la excusa de la objetividad, ignorar lo obvio. Sin embargo, en muchos otros casos el abuso se da en secreto y es difícil ofrecer pruebas. Aquí sabemos que los testimonios son clave porque los síntomas de una situación traumática de esta naturaleza están estudiados y se pueden determinar.

Cuando hablamos de este tipo de violencia surge la pregunta de si los hombres pueden ser víctimas. La respuesta es sí. Además, cuando se habla de abuso sexual, muchos no denuncian por temor a ser cuestionados en su rol hegemónico. Sin embargo, las violencias se ejercen desde una posición de poder. Por ello, la mayoría de los perpetradores son hombres que representan la masculinidad hegemónica, mientras que las víctimas son feminidades o masculinidades subordinadas o resistentes.

Otro aspecto esencial es que la estructura impide el acceso de las sobrevivientes a la justicia. Como se ha mencionado, las instituciones y las leyes son también patriarcales. Por lo tanto, si un hombre blanco heterosexual sufre un abuso, puede que no lo denuncie para no perder su imagen de poder. Sin embargo, es mucho más probable que, si lo hace, el sistema le facilite los procesos de resarcimiento. Pasa lo contrario cuando se trata de una masculinidad resistente, por ejemplo, si la víctima es un hombre gay. Sabemos que muchos asesinatos homofóbicos no son vistos como tales porque hay renuencia para aceptar el mecanismo de odio detrás del crimen.

Los dos ejemplos de violencia de género más discutidos por su exposición en medios de comunicación probablemente sean el caso del movimiento #MeToo o las denuncias publicadas a manera de tendedero en lugares concurridos y los feminicidios. Éstos representan también de alguna manera violencias ejercidas en los extremos superior e inferior del violentómetro, respectivamente. Analicemos ambos para poder identificar los mecanismos de la sociedad machista que operan en el fondo de cada uno.

EL ACOSO EN EL #MeToo Y EN LOS TENDEDEROS:

¿LINCHAMIENTOS O MOVIMIENTOS FEMINISTAS?

El movimiento #MeToo surge con la activista Tarana Burke en Nueva York en 2006. Es lanzado en gran escala a través de redes sociales y medios de comunicación cuando varias actrices hollywoodenses denuncian haber sufrido hostigamiento sexual por parte del productor de cine Harvey Weinstein, en octubre de 2017. A ellas se suman otras que a su vez señalan casos de hostigamiento sexual ejercido por otros hombres en posiciones de poder en la industria del entretenimiento. Entre las voces, surgen testimonios de quienes habían sido abusadas en el pasado. Con ello quedó claro que estas prácticas forman parte de las maneras cotidianas de gestionar el acceso a las oportunidades laborales en este medio desde hace años, de forma similar a como lo discutimos en el caso del "capital erótico" de las mujeres en las empresas. Así surgieron testimonios de coerción y otros en los que "voluntariamente" las mujeres utilizaron su cuerpo como elemento de negociación. Prestemos atención a las reacciones ante aquellos famosos tuits y ante las declaraciones de miles de mujeres alrededor del mundo en distintas redes sociales que hicieron y aún hacen eco del movimiento.

La primera pregunta que surgió fue ¿por qué ahora? ¿Por qué, si esto viene pasando desde hace años, justo en este momento se hace la denuncia? Incluso hubo sospechas de oportunismo por parte de las actrices que levantaron la voz, acusándolas simplemente de estar "llamando la atención" o "aprovechando el momento". Pero ¿hay algún momento correcto para hacer estas denuncias? "Cuando pasan", contestan algunos, sin recordar que lo primero que sucede es la revictimización. Además, estas mujeres estaban en riesgo de perder su trabajo, el cual para muchas representaba el sueño de su vida. Dado que la carga de la prueba recaerá siempre en ellas, y mientras se averigua estos hombres pueden contratar a otras, no es de sorprender que no hubiera muchos incentivos para manifestarse. Desgraciadamente, lo anterior no sólo sucede con los delitos de acoso. ¿A cuántos no nos han robado algo o nos han dado un golpe al coche y desistimos de denunciar para no pasar por los calvarios del ministerio público o por el temor a las represalias de los delincuentes?

En el caso del #MeToo, a ellas no se les dio el beneficio de analizar sus circunstancias, sus detractores las acusaron en el primer encuentro. Esto porque representan la feminidad resistente al ser insumisas, trabajadoras, famosas, independientes y también en muchos casos están dispuestas a mostrar sus cuerpos en el escenario. De hecho, la fama les dio la posibilidad de hablar y ser escuchadas cuando la mayoría de quienes ya habían denunciado en el #MeToo habían pasado prácticamente desapercibidas.

Otra acusación fue la del linchamiento de estos "pobres hombres". Palabras que imaginan una horda de mujeres enfurecidas llevando a los acusados a la horca o a las flamas. A ellos nunca les pasó tal cosa. Acaso algunos acabaron en la cárcel, otros perdieron el trabajo y muchos simplemente tuvieron que enfrentarse a ser el foco de discusiones —que no de escarnio público porque siempre tuvieron defensores. Quienes históricamente han linchado han sido hombres blancos a mujeres: recordemos la cacería de brujas. También a hombres y mujeres negros cuando la época del Ku Klux Klan. Éstos sí fueron eventos desalmadamente crueles; tenemos testimonios históricos y fotos para mostrarlo. Ahora bien, si por linchamiento entendemos exponer públicamente a estos hombres sin ofrecer otra prueba más que la palabra, entonces sí, claro que se les expuso y claro que hubiera sido preferible que estas mujeres iniciaran mejor un proceso legal. Pero entendamos que eso es precisamente lo que ellas están pidiendo: acciones legales, mismas que no se emprenden por las múltiples resistencias patriarcales descritas a lo largo de este texto.

Parecería que la denuncia pública es un castigo en sí mismo cuando, en realidad, es sólo un llamado a la justicia. ¿Difamación? Si se prueba que no es verdad. Sin embargo, no recuerdo ningún juicio de este tipo que haya sido emprendido o ganado por un acosador. Ojalá se investigaran todos los casos, porque el problema es el silencio y la impunidad. Por mi experiencia acompañando víctimas, me atrevo a pensar que probablemente de 100 acosadores que se procesaran, si acaso una mujer sería culpable de difamación. Eso sí, siempre y cuando éstos fueran evaluados con perspectiva de género, dado que —como hemos reiterado— el sistema de justicia también está permeado por jueces y abogados que protegen la estructura.

Honestamente, ante estas circunstancias, ¿quién se atreve a hablar cuando le pasa algo? Lo que sucedió fue un claro ejemplo de la fuerza de la unión cuando las víctimas no tienen otra salida más que apoyarse unas a otras. Por esta razón, muchas mujeres decidieron denunciar en las plataformas a través del #MeToo de manera anónima. No querer revelar la identidad por miedo a represalias es siempre un síntoma de un ambiente de violencia e impunidad. Es también una acción política al decirle a la sociedad que algo está pasando. Ningún proceso legal se inicia con denuncias de este tipo (por principio, quien es acusado tiene derecho a saber quién le acusó), pero sí ayudan a que se les preste atención a los temas o casos invisibilizados.

Lo mismo aplica para el caso de los tendederos que se han multiplicado en México. Éstos son instalaciones que semejan a un tendedero de ropa, en los cuales se cuelgan pancartas con denuncias de agresiones. La idea es originalmente una propuesta artística de Mónica Mayer, quien en 1978 invitó a 800 mujeres a completar la frase "Como mujer, lo que más me disgusta de la ciudad es…" Lo escribieron en papel rosa y ella armó la primera instalación ese año en el Museo de Arte Moderno de la Ciudad de México. Actualmente, el movimiento feminista, inspirado por esta idea, monta sus propias instalaciones como una forma grupal de denuncia. La lógica es la misma: las mujeres se amparan en lo colectivo ante ambientes hostiles para exigir justicia. La respuesta sigue siendo similar: hay más preocupación por quitar los tendederos y proteger a los escrachados que por investigar los casos.

Lo anterior ha causado mucho temor, sobre todo entre algunos hombres que argumentan que ya no saben cómo tratar a las mujeres por miedo a que se ofendan y les acusen en el #MeToo o en algún tendedero. Este miedo es sintomático, porque nos habla de unas formas de trato que en el fondo consideran que podrían ser denunciadas. El #MeToo y movimientos similares están cuestionando la manera en que los hombres y las mujeres nos relacionamos en todas partes. Sobre todo, nos obligan a ser más conscientes de la violencia que se puede ejercer desde la masculinidad, a veces intencionalmente y otras por costumbre. Nosotras vivimos el miedo todo el tiempo. Diariamente, al salir a la calle, consciente o inconscientemente, sabemos que estamos en riesgo de recibir agresiones, desde piropos inapropiados hasta manoseos.

De ahí viene precisamente el valor social de estas llamadas de atención: nos dicen que, efectivamente, ya no podemos tratarnos igual y que debemos replantear nuestras interacciones. Así pues, el temor a ofender a una mujer es un buen temor, uno que desde hace siglos los hombres deberían tener integrado en su actuar cotidiano. Tan integrado como nosotras tenemos la inquietud por que nos dañen si no tomamos precauciones en espacios públicos.

Claro, es importante reconocer que esto puede terminar en una sociedad mojigata y acorralada por sus propios tabús, regresando el cuerpo femenino a vitrinas intocables, poniéndolo en un lugar de objeto sagrado que —como hemos visto— también es parte de los procesos patriarcales. Ante esto, un grupo de mujeres francesas sacaron su propio manifiesto como una advertencia para no caer en el puritanismo, en respuesta al #MeToo. La más famosa de ellas, la actriz Catherine Deneuve, luego se disculpó de haberlo hecho. Pero la justificación de esta controversia parece que está relacionada al momento y tono del manifiesto más que al contenido.

Es decir, cuando estas valientes mujeres se atrevieron a hablar y denunciar, muchas otras alrededor del mundo se sumaron al impulso. El hecho de que entre la multitud machista escandalizada que las acusó de oportunistas y linchadoras surgieran también voces feministas tachándolas de exageradas fue un acto de poca solidaridad. En ese momento lo importante era apoyarlas, contestarles con un "yo te creo" y un "ya basta". Sin embargo, la preocupación a largo plazo es legítima.

La paradoja del patriarcado es que, al ser parte de la estructura social, la resistencia también puede resultar en un reforzamiento de otros patrones machistas. Por ejemplo, el tabú de la sexualidad de la mujer y el hecho de que se tenga que vivir en privado hacen que todas aquellas orgullosas de su cuerpo y su sexo sean criticadas cuando lo muestran. Los desnudos, los escotes, las mujeres que en el mundo del espectáculo pasean a sus amantes jóvenes, todo esto rompe tabús importantes. Para que las mujeres podamos decir "ya basta", necesitamos saber también cuándo decir ahora sí quiero y así es como lo quiero. En otras palabras, es más fácil presentarse como víctima de un hombre y obtener simpatías que presentarse abiertamente como su amante, capaz de gozar sexualmente.

Por ello es importante no sólo luchar contra la violencia, sino también luchar por el placer. Un placer que no solamente se niega a través del abuso, sino a través de otros mecanismos de sujeción que ven a las mujeres sexualmente activas como provocadoras o inmorales. Estos argumentos fueron retomados por feministas que sanamente iniciaron un debate al interior del movimiento, entre ellas Marta Lamas en México. La autocrítica es siempre fundamental. Pero no debemos confundir la legítima duda con la falta de solidaridad o la demonización de quienes simplemente buscan reproducir la estructura machista.

De la misma forma, se han planteado notas de precaución al tratar de reproducir la agenda del #MeToo estadounidense en países latinoamericanos. Notablemente Rita Segato desde Argentina ha señalado que el #MeToo ha derivado en procedimientos legales particulares. Esta cultura de la demanda tan arraigada en Estados Unidos tiene que ver con el individualismo de su sociedad, reflejado en su sistema de derecho. Sabemos, incluso por el imaginario hollywoodense, que la ley permite emprender demandas por incidentes que van desde un resbalón en un establecimiento comercial hasta la mala práctica de la medicina. Esto ha conllevado a que las luchas se individualicen y atomicen sin generar amplios movimientos sociales. Por supuesto ha habido excepciones, como el movimiento de derechos civiles y las protestas contra la guerra de Vietnam. Contemporáneas han sido las marchas en contra de la brutalidad policial hacia la comunidad negra con el movimiento de #BlackLivesMatter.

En contraste, en América Latina, el sistema legal deja mucho que desear por su ineficiencia y corrupción. La forma de relacionarse entre hombres y mujeres es distinta, y por lo tanto necesitaría códigos diferentes. En este sentido, recordemos que las marchas y la campaña #NiUnaMenos en Argentina, las cuales preceden el #MeToo, así como los tendederos, son un ejemplo de acción colectiva pertinente al contexto latinoamericano. Finalmente, me gustaría resaltar que los movimientos de denuncia han sido un mecanismo efectivo para llamar la atención sobre el tema del hostigamiento. Notablemente en México las mujeres preparatorianas y universitarias los han utilizado con éxito para exigir protocolos y medidas de atención. Esto se explica en parte porque tienen un nivel educativo y un estilo de vida que las posicionan para poder incidir socialmente. Pero también muchas de ellas, al ser conscientes de este lugar de privilegio, han buscado alianzas con otras agendas feministas y se han solidarizado con movimientos más amplios. Entre ellos se encuentra el activismo en contra del feminicidio, el cual exploraré a continuación para analizar cómo el mecanismo patriarcal se aprecia en todas las escalas de la violencia.

EL MACHISMO MATA: FEMINICIDIOS EN MÉXICO

La agenda de los feminicidios en México nace en Ciudad Juárez, cuando en la década de los noventa, activistas feministas comenzaron a denunciar el aumento de los asesinatos de mujeres, quienes además eran violadas, muchas veces descuartizadas y luego tiradas en terrenos baldíos. El tema no sólo eran los crímenes, sino la forma y la saña de éstos. Gracias a ellas, los hechos llamaron la atención de los medios de comunicación, y el país entero pronto comenzó a hablar de "las muertas de Juárez". En general, podemos analizar claramente la estructura patriarcal desde las respuestas que se dieron por parte de la opinión pública y los rumores que circulaban en torno a los sucesos en ese entonces.

Primero se dijo que eran trabajadoras sexuales, prostitutas. Luego, que salían en la noche "solas", aunque iban en compañía de otras mujeres. Estas dos presunciones buscaron construir una víctima "entendible". Como si el riesgo de ser asesinadas se debiera a la profesión de unas y a la osadía de otras (por andar en la calle a horas en las que las mujeres deben estar en casa). Además, el mensaje parecería ser "Si no eres trabajadora sexual y no sales de tu casa, estás a salvo". También es interesante que las explicaciones se enfocaron en la identidad de las víctimas, no la de los perpetradores, por los que nadie se preguntó mucho. En algún momento circuló la versión de un asesino o de varios asesinos en serie, pero las muertes se fueron acumulando a tal grado que era imposible adjudicar los crímenes a la obra de uno o varios psicópatas aislados. Al contrario, las investigaciones de familiares y de organismos de la sociedad civil, complementadas por el trabajo de algunas autoridades, dieron cuenta de que los asesinatos eran perpetrados por grupos de hombres que mataban a mujeres por el simple hecho de querer hacerlo.

Académicamente, los estudios coinciden en que las causas de los feminicidios incluyen una mezcla compleja de factores asociados con el machismo. Por un lado, la cantidad de asesinatos muestra un patrón que refuerza los privilegios de la masculinidad, aunados a los de la clase social. Las víctimas eran y siguen siendo en su mayoría mujeres jóvenes de clase socioeconómica baja. Los perpetradores tienen los recursos económicos y sociales que les permiten seguir anónimos e impunes. Por el otro, la forma en la que estas mujeres son tratadas indica que se les construye como un objeto más a poseerse y descartarse.

La cosificación responde en gran medida a la representación patriarcal de la mujer como objeto, la cual genera una relación particular entre las masculinidades hegemónicas y las feminidades subordinadas. A grandes rasgos, podemos decir que las esposas, madres e hijas son vistas como entes casi sagrados, a respetar y proteger por parte de ese hombre protector/proveedor. Así, se les convierte en objeto de veneración al despojarlas de sus defectos, se les asume buenas, abnegadas, incapaces de mal alguno. Podríamos decir que esta forma de cosificación tiene consecuencias "positivas" en términos de la eventual protección ante la agresión. Lo anterior lo analizamos en el caso del rescate de las mujeres en el Titanic y en el poder de las Madres de Plaza de Mayo.

La situación cambia cuando lo femenino se convierte voluntaria o involuntariamente en objeto de deseo sexual. Por ejemplo, sabemos que los estándares de belleza representados por los medios de comunicación muestran actrices y modelos cuyos cuerpos son más semejantes a una muñeca Barbie que a una mujer de carne y hueso. Lo grave es que a una Barbie se le compra, se le viste, se juega con ella y cuando la persona se cansa, la puede desmembrar y tirar en un terreno baldío. Esto último es lo que sucede con la mayor parte de las víctimas de feminicidio después de la violación —que es en sí misma una forma extrema de posesión violenta.

Por supuesto, estoy sintetizando en pocas líneas años de trabajo sobre el análisis de la objetivación de la mujer en la sociedad moderna. Sin embargo, espero que la reducción del argumento sirva para ilustrar cómo ésta también es producto del sistema social. Por lo tanto, el mismo hombre padre de familia, que mata para proteger la "virtud" de su hija, puede matar a una mujer que construye como una "cosa". Recordemos el comentario misógino de la sección anterior: "Apoyo la causa porque no quiero que a mi esposa y a mi hija les pase nada". En este sentido, a nivel macrosocial, los mismos hombres que tanto nos quieren son los que nos están matando. De tal forma, vale la pena ir más allá de identificar casos particulares, para entender mecanismos más amplios. Así, el asesinato reiterado de mujeres por parte de hombres con recursos económicos, más allá de las patologías individuales de un asesino, refuerza su poder en la estructura patriarcal que los protege.

Es crucial recalcar aquí que la discusión sobre la belleza y sus estándares está lejos de buscar culpar a las mujeres que los adoptan. Tampoco se trata de caer en otro debate ocioso discutiendo si una puede "arreglarse" y concebirse femenina a la vez que se es feminista. A nivel individual, cada quien está en completa libertad de decidir su estética, sin que ésta indique necesariamente una postura frente al patriarcado. Hemos recalcado que culpar a la víctima no sólo va en contra de sus derechos humanos, sino que es una actitud ilógica. Lo que se busca resaltar es que el mismo sistema que obliga a las mujeres a ser por un lado esposas abnegadas y por el otro objeto de deseo las pone en una posición donde esta objetivación las despoja de su humanidad. A lo anterior se suma el mandato histórico para que el hombre demuestre su masculinidad con la violencia y el estereotipo biologicista de que no pueden contener sus "necesidades sexuales". Éstas son deducciones patriarcales que operan detrás de todas las violencias de género, incluyendo el feminicidio.

Lo anterior no niega las motivaciones individuales, sino que resalta la cultura que las propicia y las sostiene. La dimensión estructural denota también un poder político, dado que muchos de estos crímenes aún están impunes porque las mismas autoridades están coludidas. Por otro lado, cuando hay una disposición a investigar, las resistencias continúan siendo las mismas que en cualquier violencia de género, especialmente la violencia sexual. Las familias de las víctimas encuentran a sus seres amadas cuestionadas en su "reputación", igual que en su honestidad, cuando les preguntan si no escaparon de casa o cuando se desestima el caso para darles prioridad a otros "más relevantes", promovidos por personas con más recursos. Incluso los hombres relacionados con las víctimas representan en este contexto masculinidades subordinadas por su condición socioeconómica. Así, estas familias son excluidas de los derechos básicos de la ciudadanía, como la vida y la justicia, por el lugar que ocupan en la estructura patriarcal.

El concepto de feminicidio nace entonces para denotar que las mujeres asesinadas en Juárez son victimizadas porque su condición social las sitúa en una vulnerabilidad extrema. Por eso se le define como todas aquellas violaciones a los derechos humanos por condición de género, las cuales podrían ser evitadas si se erradicara la estructura de sometimiento patriarcal. Lo anterior sugiere que no son solamente algunos hombres quienes nos están matando, sino la sociedad entera. Esto se confirmó cuando se nombró la comisión especial para investigar el feminicidio (en 2004) y surgieron estadísticas alarmantes de muertes de mujeres en todo el país. Incluso se descubrió que el Estado de México tenía más feminicidios que Ciudad Juárez. Ante este escenario, el tema de la violencia contra la mujer se consolida como una de las banderas más urgentes del activismo feminista. Uno de los resultados ha sido la tipificación de este delito en el Código Penal Federal. Ante ello, han surgido debates inadmisibles por su machismo.

El primero cuestiona por qué hablar de muertes de mujeres si matan a más hombres todos los días. No se trata de ver a quién matan más o menos; se trata de evitar la muerte de todas y todos, punto. Por ejemplo, se han desarrollado políticas públicas para atender a poblaciones especialmente vulnerables, como los hombres jóvenes que son reclutados por pandillas o por el mismo crimen organizado. Se ha buscado, aunque sin éxito, llevar a cabo programas de rehabilitación social y, en general, erradicar el crimen. La tipificación del feminicidio se suma entonces a estos programas, al combatir la muerte de una población especialmente en riesgo, que son las mujeres de escasos recursos.

El segundo se pregunta: si las condenas son más altas por matar a una mujer, entonces ¿la vida de los hombres vale menos? Por supuesto que ninguna pena por asesinato tiene que ver con el valor de la vida de la víctima. Los castigos se consideran de acuerdo con las circunstancias y motivaciones del asesino. Por ejemplo, homicidio accidental, defensa propia, homicidio doloso. No es necesario ser abogado para entender esto. En el caso del feminicidio, hablamos de mujeres asesinadas de manera brutal, en ocasiones después de haber sido victimizadas por sus parejas, en una escalada de violencia que es permitida al perpetrador por el sistema social y de justicia.

Es importante recalcar que, como lo ha explicado brillantemente Rita Segato, estamos ante dos situaciones distintas. La primera es el crimen anónimo de quienes ven pasar a una mujer por la calle y la secuestran —sin conocerla— para violentarla, reforzando así su poder social. La segunda incluye aquellos que han tenido una relación previa con la víctima. Tal cual explica el violentómetro, en estas relaciones la violencia escala, y por la falta de recursos para defenderse, ellas terminan siendo asesinadas. Sin embargo, en todos los casos discutidos hasta el momento, incluyendo en el #MeToo, se encuentran en juego mecanismos patriarcales. Es decir, el funcionamiento de una sociedad que nos tiene atrapados en roles que nos esconden, nos limitan y en ocasiones pueden llegar a matarnos.

De hecho, la violencia masculina en el espacio público, al ser un mandato de la masculinidad, demuestra que el reclutamiento de hombres para profesiones violentas (hablamos ya de la milicia, pero también se incluye el crimen organizado) está relacionado con su género. De tal forma que podríamos decir que los hombres mueren de una manera y las mujeres de otra porque sus circunstancias responden a los roles que la sociedad les asigna. Si vivimos de manera igualitaria, moriremos también de manera igualitaria. Aún más, existe la esperanza de que si nos vemos como iguales nos matemos menos. Así, a las mujeres no nos asesinarían sistemáticamente y los hombres dejarían de sentir la violencia como una obligación. Pero cambiar una estructura tan añeja como imperceptible no es fácil, y la pregunta siempre es ¿por dónde empiezo? Antes de abordarla, vale la pena una aclaración sobre la resistencia social más perniciosa y uno de los obstáculos más importantes para iniciar cualquier diálogo que nos aproxime a una respuesta.

Nota sobre la "ideología de género"

Muchas veces se ha atacado públicamente al feminismo y a los movimientos LGBTQI+ denunciándolos como "ideología de género". La palabra "ideología" tiene una compleja definición en las ciencias sociales y en las humanidades. De manera general, se ha considerado como el conjunto de creencias que motivan las acciones de los individuos y que proceden muchas veces de la estructura social en la que fuimos educados (incluyendo instituciones sociales como la escuela o las empresas). Bajo esta concepción, nuestras creencias sobre el género provienen de una estructura patriarcal. Por lo tanto, la ideología de género serían las creencias machistas.

Sin embargo, la connotación utilizada en estos discursos acusatorios proviene de grupos ultraconservadores, y ha sido la del adoctrinamiento con ideas falsas, que corrompen los valores morales de la fe, la familia y la comunidad. Como ya lo discutimos, la religiosidad no es un fenómeno homogéneo. El calificativo "ultra" en este caso unifica una postura que denuncia los movimientos de igualdad y derechos humanos como subversivos del orden y no como reivindicadores de justicia. Así pues, en nombre de proteger a la sociedad —particularmente a la niñez— de esta "ideología de género", se ha buscado imponer valores específicos a través de la censura y el castigo. Por ejemplo, se promueve únicamente la abstinencia en lugar de la educación sexual en las escuelas públicas, se prohíbe el matrimonio igualitario y se concibe la vida desde la gestación hasta la muerte. Esto último tiene como una de sus consecuencias la penalización de la interrupción del embarazo en toda circunstancia —incluyendo en caso de riesgo de la vida de la madre o violación—, la posible ilegalidad del congelamiento de embriones para los tratamientos de infertilidad, así como la prohibición de una muerte digna para enfermos terminales.

El problema con estos discursos es que no tienen lógica argumentativa, dado que repiten el triángulo de patologización explicado previamente (natural-normal-bueno) para esconder valores basados en creencias religiosas extremistas. Para éstos, entonces, la homosexualidad es antinatural y la familia nuclear es natural. La vida se asocia con el mito de la concepción heterosexual ajena al cuerpo, al placer, a las emociones y a la decisión, convirtiéndola en un valor supremo a proteger. En consecuencia, se presentan alegatos por un lado religiosos y por otro biologicistas (que no biológicos, porque tal como lo expliqué, son interpretaciones equivocadas de la naturaleza), y se asocia la unión del esperma y el óvulo con la obtención de un alma para apelar a valores universales de respeto.

Estos movimientos hablan de la protección de la vida en el vientre materno como algo sublime, sin considerar la vida fuera del mismo. No hay una discusión sobre la vida digna, sobre la calidad de vida o sobre la libertad de vivir la vida que se desea. En consecuencia, se encasilla a las mujeres en su rol reproductivo, so pena de cárcel, sin considerarlas valiosas por sí mismas. Desmenuzando estos discursos no encontraremos ningún fundamento lógico-formal, científico e incluso teológico serio que los sostenga. Quienes nos acusan de promover una "ideología de género" son en realidad los promotores de una ideología de género en forma de enunciados cuya veracidad no es sostenible. Sin embargo, estos movimientos han tenido éxito entre ciertas poblaciones al repetir clichés comúnmente usados en otros contextos y que tenemos internalizados por haber sido educados en una estructura patriarcal. Muchos de éstos los hemos repasado en las secciones previas de manera sistemática y se ha evidenciado su inutilidad.

Peor aún, se confunde e incluso se tergiversa el lenguaje y se equipara la perspectiva de género con la ideología de género. Esto no tiene sentido alguno. Mientras que la primera, tal como se ha presentado a lo largo del texto, es el análisis teórico-filosófico de la realidad social desde una problematización de las desigualdades de poder generadas por el patriarcado, la segunda es una defensa de los valores patriarcales como único estándar moral que debe imponerse en la sociedad a través del Estado, apelando a un discurso religioso. De tal manera, cuando una persona quiere dialogar desde la perspectiva de género, pero su interlocutor parte desde una posición que denuncia la ideología de género, el tema se desvía siempre hacia la biología, lo natural, lo bueno, la religión, la moral, la historia, etcétera, y esto no nos permite hablar de lo importante. Lo que inicia como una charla o un debate bien intencionado termina en acusaciones y peleas que representan una pérdida de tiempo, además de resultar tremendamente frustrantes para todos los involucrados.

Para algunos grupos de interés esto se ha convertido en una estrategia eficaz para impedir diálogos productivos. Sobre todo, se repiten clichés en los debates políticos, los cuales suenan "razonables" porque juegan con las nociones del sentido común que hemos tratado de desmenuzar a lo largo de estas páginas, tales como el instinto maternal, la naturaleza o la normalidad. Lo anterior ha sido muy efectivo para evitar no solamente el planteamiento de soluciones, sino también las preguntas que nos conducirían a ellas. Por lo tanto, en la siguiente sección propongo algunas ideas para iniciar la comunicación.

¿Y luego?
Algunos apuntes para usar el ABC

Los procesos cotidianos del patriarcado, y el hecho de que encontremos espacios de poder en ellos, hacen que, por un lado, no veamos las restricciones que nos impone, y por el otro, reproduzcamos el sistema sin darnos cuenta. La intención de este texto ha sido desarticular el sentido común acerca del género con la esperanza de que al hacerlo podamos imaginarnos otros sentidos y detonar debates productivos. La razón por la cual nos embarcamos en discusiones sin límites sobre roles de género es porque no analizamos las raíces ni las implicaciones de lo que estamos diciendo. La esperanza es dejar en claro que las respuestas a los cuestionamientos aparentemente más difíciles y escandalosos planteados en la introducción son realmente muy sencillas si tenemos nociones básicas sobre el contenido conceptual e histórico de las palabras que usamos. ¿Puede una persona escoger ser hombre o ser mujer? Sí, en una sociedad en donde estas categorías se construyen socialmente como roles de género, una persona puede elegir el suyo. ¿Puede alguien ponerse y quitarse la feminidad o la masculinidad? Sí, de manera general se puede ser más o menos femenina o masculina. Detenernos en esto es perder el tiempo en alegatos ociosos que no nos permiten realmente debatir el género.

Efectivamente, no podemos escoger los genitales con los que nacemos, pero lo masculino y lo femenino constituyen un rol social, y en un mundo donde hay libertad las personas pueden escoger qué rol social quieren cumplir y cómo. Prohibirles a otros que elijan cómo vivir su vida es simplemente un atentado en contra de los derechos humanos. Entonces, la siguiente pregunta se vuelve aún más pertinente: ¿por qué seguimos usando estas etiquetas de hombre/mujer, incómodas como la ropa más ajustada? La respuesta resumida es que son parte de la estructura social. Hemos sido educados y educadas en estos roles de manera tan cotidiana que solamente los identificamos cuando hay transgresiones obvias. Asimismo, las violencias que se ejercen cuando queremos salirnos de los esquemas muchas veces son tan sutiles que las hemos normalizado. Sólo saltan a la vista cuando conocemos a alguien que escapa de los roles de manera evidente, o cuando nosotros mismos nos damos cuenta de que tenemos sentimientos o formas de ser felices que no encajan. Sin embargo, espero haber mostrado que el tema es mucho más amplio y encasilla a todos por igual. Desde los papás que quieren cuidar de sus hijos, las mamás que trabajan, hasta quienes no se visten "como se debe" o quienes se identifican dentro del espectro LGBTQI+.

Ahora bien, hay ocasiones en las que el patriarcado es tan violento que nos mata o no nos deja ninguna salida (hemos revisado ya distintos ejemplos que van desde los golpes hasta los feminicidios). Pero en la medida en que podamos acomodarnos a la estructura, es posible seguir adelante con nuestras vidas sin buscar mayores cambios. El patriarcado es lo suficientemente flexible como para permitirnos, a nivel individual, lograr la aceptación de la familia, los amigos o los compañeros de trabajo. Por ello a veces decidimos hacer sacrificios propios, como renunciar a sueños o aspiraciones, por no romper los estereotipos, o pasarles la factura a otras personas. Por ejemplo —volviendo al dilema laboral— el conflictivo hecho de que las mujeres estemos a cargo del cuidado de los hijos y que los hombres puedan decidir no asumir la misma carga en el hogar se ha resuelto con la contratación de empleadas domésticas. Ellas a su vez dejarán a sus hijos con una tía o una abuela, reproduciendo la estructura. Otra alternativa son las guarderías que funcionan con el mismo mecanismo: mujeres atendiendo a los niños de otras mujeres. Pero ninguna de estas medidas resuelve la desigualdad de fondo, y es que nosotras seguimos soportando la mayor parte de las responsabilidades en el ámbito de lo privado. Plantear un cambio sería cuestionarnos todo nuestro modo de vida: las relaciones de pareja, el concepto de familia, la noción de infancia, el sistema educativo, la responsabilidad del Estado.

Lo mismo aplica para todas las situaciones en donde hay en juego desigualdades de género. Lo cotidiano nos lleva a cuestionar lo estructural, y para modificarlo tenemos que ir en contra de mandatos históricos que permean tanto hábitos como instituciones. Ir contra corriente es muy difícil porque el patriarcado es parte de las costumbres, y cambiar las costumbres no es nada fácil. Igualmente, la integración del machismo a nuestro día a día nos impide cuestionar cómo permea en nuestras interacciones y cómo se manifiesta: desde el sentido del humor sexista hasta el techo de cristal, las leyes de custodia y el feminicidio. Cuando hacemos el análisis con perspectiva de género, vemos que todos estos fenómenos aparentemente aislados tienen una misma lógica.

Aquí nos aproximamos a resolver otra pregunta: ¿por qué les ponemos estas etiquetas/atuendos a nuestros hijos e hijas? Porque muchas veces no nos damos cuenta. Así, les enseñamos a ellos a ejercer la masculinidad hegemónica y a ellas a subordinarse. También les pedimos que se definan por una u otra opción: son niñas o son niños. Luego, cuando crecen, les mandamos el mensaje contradictorio de "Te quiero como eres y tienes que ser auténtica o auténtico". Por supuesto, es preferible pensar que estoy exagerando a tener que asumirnos como parte de una sociedad cómplice de generar estos conflictos existenciales en tantos adolescentes y varios adultos. Por ello es importante analizar de vez en cuando qué es exactamente lo que aceptamos en nuestras rutinas y, sobre todo, los prejuicios que reproducimos en ellas. Al respecto me gustaría retomar el ejemplo de los baños que puse al inicio del texto. Parece un tema trivial, pero es precisamente en lo trivial donde afloran los estereotipos del patriarcado, escondidos tras el sentido común en nuestros discursos.

Ante propuestas de baños en las escuelas en donde pueda entrar cualquier persona (también llamados baños neutros, sin género, mixtos o unisex), suelen surgir argumentos de higiene, pudor y seguridad que evidencian cómo tenemos integrado el sistema patriarcal en el inconsciente. Primero, que los baños de hombres son más sucios o huelen peor. Detrás persiste la idea de la limpieza como un tema particularmente femenino. Tanto podemos enseñarles a los hombres a ser meticulosos de no mojar la taza del baño como a las mujeres a dejar el inodoro limpio. Cualquiera sabe que hay baños de mujeres muy sucios en muchas partes: cuando dudamos de la sanidad de los inodoros, nosotras también orinamos de pie salpicando la tasa. Segundo, el hecho de que nos dé vergüenza la posibilidad de ver el pene de un hombre mientras está haciendo uso de un mingitorio tiene que ver con los tabús acerca de la sexualidad que no nos permiten ver genitales, mucho menos los del sexo opuesto. Esto responde a que la desnudez se asocia con tener relaciones sexuales, cuando sabemos que el deseo es algo mucho más complejo que nada tiene que ver con observar a un hombre vaciando su vejiga. Finalmente, está el argumento de que en los baños mixtos podría haber peligro de abuso sexual por parte de hombres hacia mujeres. Éste es un temor más realista. Pero, tal como se discutió en el texto, el abuso se da porque existe una estructura patriarcal que lo permite e incluso lo fomenta. Sin embargo, es más fácil esgrimir clichés para prohibir un baño mixto o neutro que iniciar campañas en contra de la violencia o a favor de la igualdad.

Pensemos ahora en otra pregunta planteada al principio: ¿por qué condenamos a los que osan quitarse las etiquetas/soltarse las ropas? Porque en el fondo sabemos que cuestionan toda nuestra forma de vida, y a veces, aunque sea machista, la queremos preservar a toda costa. Sobre todo, aquellos aspectos que consideramos valiosos, disfrutables. Los llamados momentos felices. Por ejemplo, a las mujeres nos regalan flores (símbolo de nuestro lugar sagrado, de nuestra belleza o delicadeza) y nos parece un hermoso detalle. Preguntarnos por qué no podemos —o no se nos ocurre— regalarle flores a un hombre es simplemente aguar la fiesta.

Nos abren la puerta con gesto caballeroso y se nos hace absurdo no aceptar esta amabilidad. Preguntarnos si detrás de ese abrir la puerta se esconde un deber masculino por protegernos, que a su vez le da el poder de relegarnos al espacio doméstico y cargarnos con todo el cuidado de los hijos, es complicarse la vida. Un hombre que invita a salir a una mujer y tiene que pagar la cuenta lo hace para demostrarle que la quiere, pero no se pregunta si puede haber otras señales o por qué le toca a él esta responsabilidad económica. Mucho de nuestro romanticismo se basa en roles de género tradicionales y lo disfrutamos porque es parte de nuestra noción de amor.

Pero el amor también puede ser patriarcal. Sus rituales derivan de la costumbre. Es él quien tiene que arrodillarse en un gesto de humildad, el cual simultáneamente esconde quién decide cuándo y dónde hacer la pregunta del matrimonio. Es raro que ella se atreva a tomar esa decisión porque la iniciativa ha sido históricamente masculina. Es ella quien lleva el anillo para mostrar que ya está comprometida; él no necesita avisarle a nadie que ya se comprometió. Será este momento de la petición de matrimonio algo muy emotivo, pero al fin y al cabo también es una ceremonia de reafirmación de la cultura machista. Lo mismo sucede con los rituales civiles y religiosos en donde el discurso del juez o ministro reafirma los roles de género al pronunciar: "Yo los declaro marido y mujer", en lugar de "Yo los declaro esposos en la igualdad". Asimismo, algunos tenemos el "privilegio" de llegar a casa y que mamá esté siempre ahí; si trabaja, verla llegar a las fiestas de la escuela, o el recuerdo de la deliciosa comida que nos hacía. Jugar futbol con el papá si eres niño o bailar con él en la fiesta de cumpleaños de los quince si eres niña. Reunirnos con los amigos a contar chistes sigue siendo un placer, aunque sean misóginos.

Lo anterior suena exagerado. Pero, como se estableció en un principio, si analizamos TODA la vida social, entonces simplemente no podemos dejar de ver cómo se reproduce el machismo en instancias que van desde lo más cotidiano hasta nuestros momentos felices. Resulta difícil pensar que éstos comparten los mismos mecanismos patriarcales que operan detrás de la discriminación en el ámbito laboral, la homofobia y los feminicidios. Las situaciones son tan diferentes que parece descabellado buscar algo en común. De tal forma, reproducimos tradiciones y costumbres sin plantearnos que éstas a su vez reproducen la misma lógica de opresión ejercida por el machismo.

Por otro lado, dejar de obedecer los mandatos del patriarcado generalmente cuesta caro a nivel personal. Hemos dado ejemplos de cómo se nos reprime cuando intentamos resistir. A nivel estructural, parece una tarea tan imposible que incluso negamos nuestra sujeción. Nunca falta quien dice: "A mí no me pasa eso, mi marido cuida a los niños igual que yo" o "Yo siempre fui acomedido en casa", "Mi mamá y mis hermanas mandaban", "En mi familia no hay patriarcado, hay matriarcado". Estos autoengaños nos ayudan a sentirnos mejor para no pensar en todas las situaciones machistas que enfrentamos día con día. Un marido responsable no nos exime de la carga del cuidado. Tampoco de ser víctimas de la desigualdad de género en otros ámbitos de la relación y de la vida. Un "matriarcado" en estas condiciones (ya hemos definido la figura de la madre con perspectiva de género) es parte de la reproducción de la feminidad subordinada. Escuchar estas negaciones tan evidentes me acercan peligrosamente a la respuesta más deprimente cuando planteamos la pregunta sobre la persistencia de las estructuras de la desigualdad. Esta respuesta sería que no podemos imaginar otras.

La imposición de los roles de género, así como la violencia que se ejerce para hacerlos respetar, nos impide no sólo hablar, sino pensar en lo importante. ¿Cómo celebrar el amor sin patriarcado? ¿Cómo ser románticos sin ser machistas? ¿Cómo plantearnos familias igualitarias? ¿Cómo diseñar empresas equitativas? ¿Iglesias incluyentes? ¿Cuál es el papel del Estado en todo esto? ¿Cómo vamos a combatir las violencias impuestas y perpetradas por el modelo predominante de masculinidad?

Nunca vamos a estar de acuerdo, pero teniendo claros los términos del disenso, hablando con un lenguaje común, podremos iniciar una conversación. El diálogo tiene muchas posibilidades. Podemos pensar en alternativas que no nos encasillen al tomar decisiones: desde las más simples, como a quién invitar a salir, hasta las más trascendentes, como el tipo de vida que queremos vivir y con quién compartirla. Imaginarnos un mundo donde la camisa no nos quede apretada, donde no necesariamente tengamos que cumplir con lo que el patriarcado nos exige. Construir una sociedad así es una tarea titánica. ¿Por dónde empezar? Podemos ponernos la ropa que nos quede cómoda y no la que se nos pide llevar. Prestar atención a detalles de la vida cotidiana que parecieran incuestionables. Las mujeres podemos reconstruir la belleza, dejar de maquillarnos si no nos gusta o hacerlo a nuestra manera. Pagar de vez en cuando la cuenta en el restaurante y compartir las tareas domésticas con otros miembros del hogar.

Los hombres pueden cuidar a los niños no como un acto de ayuda solidaria, sino como la aceptación de una responsabilidad ineludible, o informarles a sus amigas que están abiertos a que alguna de ellas los invite a salir. Podemos empezar por enseñarles a nuestros hijos que la autoridad de una mujer vale lo mismo que la de un hombre, y que si el padre llora es porque es humano. Podemos darles a los hombres permiso de coquetear y a las mujeres permiso de enojarse sin juzgarlas de histéricas. También podemos dejar de reírnos de chistes misóginos y podemos organizarnos y pedir cambios más profundos en las leyes de custodia, en los derechos laborales, etcétera. La respuesta es muy sencilla: podemos empezar por donde sea porque hay muchísimo que hacer.

Bibliografía recomendada

**Dos clásicos sobre los estereotipos y el control
de los instintos**

Goffman, E. (1959). *La presentación del yo en la vida
cotidiana*. Madrid: Amorrortu.
Freud, S. (2017). *El malestar en la cultura* (vol. 328).
Madrid: Ediciones Akal.

Sobre el feminismo y su historia

De Beauvoir, S. (1981). *El segundo sexo* (1949). Buenos Aires: Siglo XXI.
Eig, J. (2016). *The Birth of the Pill: How Four Pio-
neers Reinvented Sex and Launched a Revolution*.
Londres: Pan Macmillan.

Gargallo Celentani, F. G. (2022). *Feminismos desde Abya Yala: Ideas y proposiciones de las mujeres de 607 pueblos en nuestra América*. México: UACM.

Hooks, B. (2017). *El feminismo es para todo el mundo*. Madrid: Traficantes de Sueños.

López Vega, D. M. (2011). *Cuarenta años de feminismo*. México: Centro de Investigaciones y Estudios de Género-UNAM. Recuperado de https://debate-feminista.cieg.unam.mx/df_ojs/index.php/debate_feminista/article/download/2004/18.

Jenainati, C. y Groves, J. (2014). *Introducing Feminism: A Graphic Guide*. Londres: Icon Books.

Varela, N. (2019). *Feminismo para principiantes* (edición actualizada). Barcelona: Ediciones B.

Sobre los roles de género y sus orígenes

Federici, S. (2011). *Calibán y la bruja: Mujeres, cuerpo y acumulación originaria*. Madrid: Traficantes de Sueños.

Gilligan, C. (2013). *La ética del cuidado*. Barcelona: Fundació Víctor Grífols i Lucas.

Lamas, M. (1996). *El género: la construcción cultural de la diferencia sexual*. México: Miguel Ángel Porrúa/Programa Universitario de Estudios de Género.

Patou-Mathis, M. (2021). *El hombre prehistórico es también una mujer*. México: Lumen.

Patriarcado e interseccionalidad

Connell, R. W. (2003). *Masculinidades*. México: UNAM.

Crenshaw, K. W. (2017). *On intersectionality: Essential Writings*. Nueva York: The New Press.

Hakim, C. (2011). *Capital erótico: El poder de fascinar a los demás* (tr. J. Homedes Beutnagel). Barcelona: Debate.

Lerner, G. (1986). *The Creation of Patriarchy* (vol. 1) *Women and History*. Nueva York: Oxford University Press.

Migliaro, A., Rodríguez Lezica, L. y Díaz Lozano, J. (2020). "Interseccionalidades en el cuerpo-territorio". En Cruz Hernández, D. y Bayón Jiménez, D. (coords.). *Cuerpos, Territorios y Feminismos: Compilación latinoamericana de teorías, metodologías y prácticas políticas*. México: Abya-Yala, pp. 63-82.

Segato, R. (2003). *Las estructuras elementales de la violencia. Ensayos sobre género entre la antropología, el psicoanálisis y los derechos humanos.* Buenos Aires: Universidad Nacional de Quilmes.

Sobre la diversidad en la naturaleza y las normas sociales

Bagemihl, B. (1999). *Biological Exuberance: Animal Homosexuality and Natural Diversity.* Nueva York: Macmillan.

Ehrenreich, B. y English, D. (1990). *Por tu propio bien: 150 años de consejos de expertos a las mujeres.* Madrid: Taurus.

Foucault, M. (1978). *El nacimiento de la clínica: una arqueología de la mirada médica.* Madrid: Siglo XXI.

Foucault, M. (2019). *Historia de la sexualidad I: La voluntad de saber.* Madrid: Siglo XXI.

Gould, S. J. (1996). *The Mismeasure of Man.* Nueva York: W. W. Norton & Company.

Mondimore, F. M. (1998). *Una historia natural de la homosexualidad.* Barcelona: Paidós.

Ridley, M. (2000). *Genoma: La autobiografía de una especie en 23 capítulos.* Madrid: Aguilar, Altea.

Sobre el tema trans y estudios médicos

Barker, M. J. y Scheele, J. (2017). *Queer: una historia gráfica*. Madrid: Melusina.

Diamond, M. (2013). "Transsexuality among Twins: Identity Concordance, Transition, Rearing, and Orientation." *International Journal of Transgenderism, 14*(1), pp. 24-38.

Halberstam, J. (2018). *Trans*: Una guía rápida y peculiar de la variabilidad de género*. Madrid: Egales.

Lin, C. S. *et al.* (2014). "Neural Network of Body Representation Differs between Transsexuals and Cissexuals." *PLOS One 9*(1), e85914.

Roughgarden, J. (2021). *El arcoíris de la evolución: Diversidad, género y sexualidad en la naturaleza y en las personas*. Madrid: Capitán Swing Libros.

Windischberger, C. *et al.* (2014). "Structural Connectivity Networks of Transgender People." *Cerebral Cortex 25*(10), pp. 3527-3534.

Sobre objetivación, misoginia y violencia de género

Baudrillard, J. (2009). *La sociedad de consumo: sus mitos, sus estructuras*. Madrid: Siglo XXI.

Lamas, M. (2018). *Acoso: ¿Denuncia legítima o victimización?* México: Fondo de Cultura Económica.

Richardson-Self, L. (2018). "Woman-Hating: On Misogyny, Sexism, and Hate Speech." *Hypatia 33*(2), pp. 256-272.

Segato, R. (2016). *La guerra contra las mujeres.* Madrid: Traficantes de Sueños.

Nota sobre la "ideología de género"

Abbagnano, N. (1996). *Diccionario de filosofía.* México: Fondo de Cultura Económica.

De Lauretis, T. (2000). *Diferencias: etapas de un camino a través del feminismo.* Madrid: Horas y Horas.

Fuente de las estadísticas y sitios donde se puede dar seguimiento cuantitativo

Inegi. "Estadísticas a propósito del día internacional de la eliminación de la violencia contra la mujer /25 de Noviembre." En https://www.inegi.org.mx/contenidos/saladeprensa/aproposito/2018/violencia2018_Nal.pdf.

ONU Mujeres. En https://mexico.unwomen.org/es/noticias-y-eventos/articulos/2018/11/violencia-contra-las-mujeres.

Secretariado Ejecutivo del Sistema Nacional de Seguridad Pública. "Información delictiva y de emergencias con perspectiva de género." En https://www.gob.mx/cms/uploads/attachment/file/415019/Info_delict_persp_g_nero_OCT_231118.pdf.

Nota metodológica

Las premisas epistemológicas detrás de este texto corresponden a la idea de que agencia y estructura se constituyen mutuamente. Especialmente se remite al trabajo de Anthony Giddens y Pierre Bourdieu con sus nociones de estructuración y habitus respectivamente. Los argumentos buscan demostrar cómo el patriarcado se construye a la vez que es construido por las acciones e interacciones individuales, las que a su vez se producen y reproducen en la vida cotidiana. Por lo tanto, el análisis del sentido común es un punto de partida en cuanto lugar de encuentro del discurso, las prácticas y los dispositivos de poder. En su conjunto, estas discusiones derivan de la sociología de la vida cotidiana, principalmente utilizando los trabajos de Berger y Luckmann, Simmel y Schütz. Finalmente, en todas las discusiones sobre cuerpo y biopoder se alude obligatoriamente a Foucault y a la epistemología feminista contemporánea, entre ellas Seyla Benhabib, Iris Marion Young, Teresa de Lauretis, Marta Lamas, Rita Segato y Elsa Muñiz. En este sentido, el libro está escrito desde la postura feminista de la producción de conocimiento comprometido con el cambio social y atento a los puntos de vista como punto de partida para la construcción del diálogo y la búsqueda de la igualdad.

Principales referencias metodológicas que no están citadas en la bibliografía recomendada

Berger, P. L., Luckmann, T. y Zuleta, S. (1968). *La construcción social de la realidad* (vol. 975). Buenos Aires: Amorrortu.

Bourdieu, P. (2005). *Una invitación a la sociología reflexiva*. Buenos Aires: Siglo XXI.

Giddens, A. (2006). *La constitución de la sociedad: bases para la teoría de la estructuración*. Buenos Aires: Amorrortu.

Kemp, S. y Squires, J. (1998). *Feminisms*. Nueva York: Oxford University Press. [Este texto es una compilación de trabajos de autoras feministas sobre filosofía y epistemología, algunos de los cuales pueden ser encontrados en ediciones en español.]

Muñiz, E. (ed.). (2014). *Prácticas corporales: Performatividad y género*. México: La Cifra Editorial.

Schütz, A. (1972). *Fenomenología del mundo social: introducción a la sociología comprensiva*. Buenos Aires: Paidós.

Simmel, G. (2018). *Cuestiones fundamentales de sociología*. Barcelona: Gedisa.

Muchas gracias…

La autoría de este libro la asumo yo porque me senté a escribir, pero las ideas aquí plasmadas son el resultado de una reflexión colectiva, producto de la generosidad de colegas y amigas que a lo largo de los años han compartido opiniones, preguntas y experiencias conmigo. Quisiera agradecer explícitamente a mi aquelarre, que me ayudó a encontrar la voz, alentándome luego a ponerla por escrito para leerme con ojos cálidos, ellas son Karla Urriola, Pau Millán, Gaby de la Paz, Gina Aguilar, Iza Sánchez, Alba Cázares y Griselda Córdova. También a Inés Sáenz, sin cuya valentía simplemente no hubiéramos comenzado a tocar estos temas en el Tec de Monterrey y mucho menos escrito un libro.

En los devenires de este proyecto, fue fundamental la confianza y el apoyo del programa editorial del

Tec, particularmente Alejandra Barranco y Elizabeth López, así como del Centro de Reconocimiento a la Dignidad Humana, especialmente Felisa González y Perla Salinas. En la Escuela de Humanidades encontré fuerza y respaldo, me gustaría nombrar a Analú Macías, quien fue muy generosa con su tiempo para ayudarme a construir la propuesta de publicación; a Judith Ruiz, Roberto Domínguez y Francisco Estrada, por decir que sí al proyecto y recordarme en todo momento que el esfuerzo valía la pena. No puedo dejar de reconocer que muchos de los argumentos de este libro fueron botados y rebotados en numerosas tardes de domingo, en medio de conversaciones tan buenas como la comida y la bebida que reúne cada semana a mi familia. Gracias a Ernesto y German Gabarrot, Mabel Arenas y Susana Favela por esos momentos y muchos más. Finalmente, y por supuesto, gracias a Fernanda Álvarez, editora de Penguin Random House, por su lectura respetuosa y cuidadosa y por decirme de entrada que este libro es un libro necesario, disipando mis dudas con respecto al proceso editorial.